Simon Widmann

Eine Mainzer Presse der Reformationszeit im Dienste der

katholischen Litteratur

Simon Widmann

Eine Mainzer Presse der Reformationszeit im Dienste der katholischen Litteratur

ISBN/EAN: 9783741167188

Hergestellt in Europa, USA, Kanada, Australien, Japan

Cover: Foto ©Lupo / pixelio.de

Manufactured and distributed by brebook publishing software
(www.brebook.com)

Simon Widmann

Eine Mainzer Presse der Reformationszeit im Dienste der katholischen Litteratur

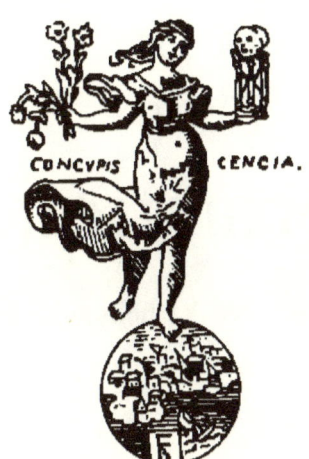

CONCVPIS CENCIA.

Eine Mainzer Presse

der

Reformationszeit

im Dienste der katholischen Litteratur.

Ein Beitrag

zur Geschichte des Buchhandels und der Litteratur des sechzehnten Jahrhunderts.

auf Grund von bisher unbekannten Briefen geliefert

von

Dr. Simon ‚Widmann.

— · ——— · · —

Paderborn:

Druck und Verlag von Ferdinand Schöningh.

1889.

Münster i. W. — Osnabrück.

Vorwort.

Als ich im Jahre 1880 an Stelle des damals zum Bibliothekar nach Kassel berufenen, nunmehr leider verstorbenen Dr. Albert Duncker das Sekretariat des Vereins für nassauische Altertumskunde und Geschichtsforschung zu Wiesbaden übernahm, fand ich bei der Ordnung des Vereinsarchivs eine Anzahl von Folioblättern, welche durch einen aus Roggenmehl und Kleien hergestellten Kleister aufeinanderklebten, sich aber leicht von einander lösten. Diese Blätter oder richtiger gesagt Pappdeckel hatten als Einband für ein Gerichtsbuch von Hochheim am Main (1600—1613 gehend) gedient. Ein verständiger Mann, Herr Bäckermeister Bernhard Walch von Hochheim a. M., erstand das schon zerrissene Buch bei einer Auktion der alten Gemeindeakten und bewahrte es so vor dem entwürdigenden Lose des Wurstpapiers. Da bei einigen Bogen unter der Kleisterschicht Bilder und Druck sich zeigten, bei anderen Schrift zu bemerken war, säuberte ich die Blätter vorsichtig mit Wasser und entdeckte nun die im Folgenden publizierten ersten 22 Schriftstücke, ferner einen Brief des Pfarrers Georg Steritz von Bingen aus dem Jahre 1577, welchen ich in den Annalen des genannten Vereins (Bd. 17) mit Erläuterungen veröffentlicht habe, dann eine von dem Glasermeister Stefan Kriegk in Mainz für »den Herrn Schwoger Baumeister« Anno 1586 aufgestellte Rechnung über Arbeiten, welche die Stadt ausführen liefs, endlich 36 einzelne Druckblätter. Einzelne der letzteren stammen aus der Offizin des hochberühmten Antwerpener Druckers Christof Plantin, die übrigen sind meist Titelblätter der von dem Domprediger Johannes Wild zu Mainz verfafsten Psalmenauslegung,

»Getruckt in der Churfürstlichen Statt Meyntz durch Franciscum Behem zum grofsen Maulbaum Anno M. D. LXV.« Dieser Mann war mir damals — ich gestehe es offen — gänzlich unbekannt. Aber die Entdeckung, dafs einzelne Schriftstücke von seiner Hand stammten, regte mein Interesse im höchsten Grade an. Wohl kostete es arge Mühe, die Schrift zu entziffern, welche nicht die ebenmäfsigen Züge der Urkundenschreiber aufweist, sondern zumeist »kaufmännische Hand« verrät. Dazu tragen die Blätter die Spuren ihrer Metamorphosen an sich. Was brauchte der Wurm zu schonen, da der Buchbinder erbarmungslos durchlöcherte? Die Tinte, an sich schon teilweise verblafst, war durch die Waschung noch mehr gebleicht. Aber die Schwierigkeit reizte und die Zuneigung wuchs, je vertrauter mir die Schreiber wurden, je klarer ich den Wert der Korrespondenz erkannte. Zu dieser gesellte ich aus dem bischöflichen Archiv zu Frauenburg Cod. D. 3 fol. 114 den Brief No. 23 des Johannes Cochlaeus an den Bischof Dantiscus. Ich suchte nach Behemschen Drucken, forschte den einzelnen Männern nach und bestrebte mich, das Gefundene zu verwerten. Es ist mir wohl bewufst, dafs manche Lücke bleibt. Man schiebe die Schuld nicht auf das Bemühen! Wie vieles handschriftliche Material durchstöberte ich, und wie gering war die Ausbeute! Vielleicht hätte weitere Nachforschung in Leipzig und Dresden noch manches zu Tage gefördert. Von Meifsen erhielt ich durch Herrn Dr. Seeliger die freundliche Auskunft, dafs bis jetzt im Stadtarchiv nichts über Behem gefunden sei. Die gedruckten Vorarbeiten sind nur sehr unbedeutend und beruhen meist auf Schaabs Geschichte der Buchdruckerkunst 1831. Schwetschkes codex nundinarius war zu verwerten. H. Helbig in Lüttich gedachte in Kürze des Druckers in einem Artikel »Les anciennes imprimeries de Mayence«, welcher 1874 in dem Messager des sciences historiques de Belgique erschien, und machte sich verdient durch seine Vervollständigung der Würdtweinschen Bibliotheca Moguntina in dem Archiv des Vereins für hessische Geschichte in Darmstadt. So mufste ich viele Monographieen durchsuchen und fand schliefslich doch wenig. Nach einjähriger Arbeit konnte ich in einem öffentlichen Vortrag, welchen ich im Kaufmännischen Vereine zu Mainz

am 8. Febr. 1881[1]) hielt, zuerst ein Mosaikbild aus den ge-
fundenen Steinchen zusammenstellen. Am 5. März desselben
Jahres hielt ich in dem Verein für nassauische Altertumskunde
und Geschichtsforschung zu Wiesbaden einen zweiten Vortrag
»über den Mainzer Buchdrucker Franz Behem und dessen Beziehungen zu seinen Zeitgenossen« und teilte selbst, in meiner
Eigenschaft als Sekretär zu den Referaten über jeden Vereins-
abend verpflichtet, in dem Rheinischen Kurier No. 59. 1. Ausg.
10. März[2]) die wichtigsten Ergebnisse meiner Forschungen
mit. Diesen Bericht hat — wie ich erst nach Vollendung des
Manuskripts bemerkte — Friedrich Kapp in seiner »Geschichte
des deutschen Buchhandels« 1. Bd. Leipzig, Verlag des Börsen-
vereins der deutschen Buchhändler 1886. S. 79 f. fast Wort
für Wort abgedruckt, ohne mit nur einem Wort seine
Quelle zu nennen. Fast komisch nimmt es sich dabei aus,
dafs in den Quellennachweisen zum 2. Kap. 10 der alte Metz,
Gesch. des Buchhandels. Darmstadt. 1834 allein citiert ist.
    In den 8 Jahren seit Entdeckung der Briefe habe ich un-
ablässig an der Vervollständigung meiner Arbeit geschafft. Durch
die im Jahre 1885 erfolgte Versetzung von Wiesbaden in meine
jetzige Stelle und die mit der Leitung einer höheren Lehranstalt
verbundenen Amtsobliegenheiten, vor allem aber durch die Entfernung von jeder Bibliothek ward die Forschung unendlich
erschwert. Zu um so gröfserem, innigem Danke fühle ich mich
Herrn Stadtbibliothekar Dr. W. Velke in Mainz gegenüber verpflichtet, als demjenigen Manne, welcher vom ersten
Tage an, da ich ihn um Hülfe ansprach, in jeder Weise mit
unermüdlicher Bereitwilligkeit, stets gleicher Liebenswürdigkeit
und wahrhaft bewundernswerter Fürsorge mein Schaffen unter-
stützt und gefördert hat.
    Auch den anderen Herren, welche ihr Interesse an meinem
Werke in freundlicher Weise bethätigt haben, sei hiemit herz-
lichster Dank ausgesprochen: Herrn Landgerichtsrat Dr. Bockenheimer in Mainz, Herrn Dr. Cardauns in Köln, Ihren Hochwürden Pfarrer Dr. Falk in Mombach, Prälat und Professor

----

1) S. Mainzer Journal. 34. Jahrg. No. 33.
2) S. auch Annalen des Ver. f. nass. A. u. G. XVII. Bd. S. 5.

Dr. J. Janssen in Frankfurt, Dompräbendat Dr. Fr. Schneider in Mainz, Gymnasial- und Religionslehrer H. Wedewer in Wiesbaden. Endlich ist es meine Pflicht, desjenigen wissenschaftlichen Vereins zu gedenken, durch dessen Munificenz der Druck gefördert wurde, der Görres-Gesellschaft.

Ich übergebe hiemit das Buch der Öffentlichkeit nicht als ein abschliefsendes Werk über Franz Behem, sondern als einen Beitrag zur Geschichte des Buchdruckes, Buchhandels und der Litteratur im sechzehnten Jahrhundert. Die Beziehungen, in welchen der Drucker zu namhaften Vorkämpfern der katholischen Kirche seiner Zeit stand, die Streiflichter, welche auf die damaligen Zustände überhaupt fallen, verleihen dem Funde vielleicht einigen allgemeinen kulturhistorischen Wert. Möge es dem wackeren Behem Freunde, dem ersten Bilde seines Wirkens wohlwollende Beurteiler erwerben!

Oberlahnstein, im Juni 1888.

Dr. S. Widmann.

Inhalt

1. Teil.

Franz Behem, sein Geschäft und seine Familie.

2. Teil.

Briefe und sonstige Dokumente.

3. Teil.

4. Teil.

5. Teil.

1. Teil.

Franz Behem, sein Geschäft und seine Familie.

Im Jahre 1540 erschien zu Mainz ein kleines Schriftchen von nur zehn Blättern, die Ermahnung zur Eintracht in der christlichen Religion, welche der berühmte Kanzelredner Friedrich Nausea[1]) bei Gelegenheit eines Kolloquiums in Worms an die versammelten Theologen gerichtet hatte. Es trug die Bezeichnung »ad Divum Victorem excudebat Franciscus Behem« und hatte folgendes Druckerzeichen: Eine weibliche Gestalt, mit der Rechten eine Sanduhr, worüber ein Totenkopf, mit der Linken Blumen haltend, steht auf der Erdkugel, welche eine in Trümmer stürzende Stadt und ein Schiff im Sturme zeigt; es ist die Personifikation der Concupiscentia. Am unteren Rande der Erdkugel befindet sich das Monogramm F_{B}. Dabei steht das Distichon:

»Stulte, quid est mundus, mortis nisi causa futurae?
En ruit in vitiis, en perit ille suis.«

Dem Sinne nach lauten die Verse zu deutsch etwa folgendermaßen:

»Leben verheißet die Welt und schafft Dir baldiges Sterben; Stürzet in Laster sich jetzt, stürzet in Trümmer dereinst.«

Unter dem Distichon folgt die Stelle aus der hl. Schrift: »I Joannis 2 Mundus transit et concupiscentia ejus. Qui autem facit voluntatem Dei, manet in aeternum.«

Wer war dieser Behem, welcher neben der angesehenen Schöfferschen Offizin eine neue Druckerei errichtete?

Franz Behem stammte, wie er selbst auf späteren Drucken angiebt, aus Meißen in Sachsen; der Name weist auf das Heimatland der Familie. Über seine Herkunft aber, über Geburtsjahr, die Erziehung, über das ganze frühere Leben des Mannes wissen wir nichts.

---

[1]) J. Metzner, Fr. Nausea, Regensburg, Manz. 1884. S. 58. u. Geschichtsblätter f. d. mittelrhein. Bistümer S. 189: Zur Nausea-Biogr.

Plötzlich taucht Behem auf, als Verwandter des bekannten Humanisten und Polenükers Dr. Johannes Cochlaeus oder Dobeneck von Wendelstein[1]), des viel gehafsten und geschmähten »bösen, zornigen Gauckelmännleins«. »Wenn mir« — so schreibt Cochlaeus am 12. August 1539 von Meifsen aus an Nausea — »etwas Menschliches begegnen sollte, so empfehle ich Dir und dem Magister Hasenberg[2]) die Sorge für meine noch nicht veröffentlichten Werkchen, welche der Mann meiner Schwester, Franz Behem in Dresden, in Verwahr hat.«[3]) Diese Schwester hiefs Elisabeth. Ob Behem in Dresden nur vorübergehend in Geschäften weilte oder ob er damals dort ansäfsig und vielleicht in einer anderen Druckerei, etwa derjenigen Wolfgang Stöckels, thätig war, läfst sich nicht mit Gewifsheit entscheiden. Doch scheint der Aufenthalt aus dem Grunde dauernd gewesen zu sein, weil Cochlaeus bei ihm seine Manuskripte unterbringt. Ohne Zweifel datierte die Bekanntschaft und Verwandtschaft der beiden Männer aus Meifsen her, wo Cochlaeus seit dem Jahre 1535 ein Kanonikat bekleidete. Als nach dem am 16. April 1539 erfolgten Tode des Herzogs Georg sein Bruder Heinrich die Regierung antrat und sofort die neue Lehre im Herzogtum einführte, ja selbst im Bistum Meifsen als Landesfürst und Schutzherr mit Gewalt den katholischen Gottesdienst abschaffte, da war für keinen Gegner »der Freiheit des Evangeliums«, am wenigsten für einen Cochlaeus des Bleibens' mehr im Lande. Jeder, der sich der neuen Ordnung nicht fügen wollte, mufste die Heimat verlassen und — wie der Bischof Johann von Meifsen dem Kaiser klagte — »ins Elend ziehen«. Selbst Männer des Friedens, wie Georg Witzel[4]) und der ebenso sanfte als gelehrte Julius Pflug,[5]) sahen sich zur Flucht genötigt. Ersterer, auf Befehl des neuen Landesherrn in Leipzig in Haft genommen, entzog sich weiterer Verfolgung durch die Flucht. Cochlaeus begab sich »in eiliger Flucht« von Meifsen weg und erhielt im September aus dem Kanonikat in Breslau. Auf die ihm am 7. Juli 1526 übertragene Präbende am St. Viktorstift in Mainz[6]) hatte er bereits 1535

<hr>

[1]) in Franken.
[2]) Von 1542 an Propst in Leitmeritz.
[3]) Epist. Miscell. ad Fr. Nauseam. II. X. Basileae. 1550.
[4]) s. W. Kampschulte, de Georgio Wicelio eiusque studiis et scriptis irenicis. Bonn. 1856. Räfs, die Convertiten. I. — [5]) Alb. Jansen: Jul. Pflug in Neue Mitt. her. v. Thüring.-sächs. Altertumsverein. X. Vgl. über beide L. Pastor, die kirchl. Reunionsbestrebungen. 1879. S. 140 ff. u. J. Janssen, Gesch. d. deutschen Volkes, an vielen Orten.
[6]) Joh. Heumann, documenta literaria. Altorf. 1758. S. 55. Derselbe Brief enthält interessante Mitteilungen über einige wertvolle Bücher der Bibliothek des Albanstiftes zu Mainz.

zu gunsten seines Neffen Johannes Bauer von Wendelstein resigniert, hauptsächlich, um sich ganz der Herausgabe von älteren und neuen Büchern zur Verteidigung des katholischen Glaubens widmen zu können. Ohne Zweifel zwang das scharfe Edikt Herzog Heinrichs auch Franz Behem zur Auswanderung. Die Bischofsstadt Mainz, unter der Regierung des sehr toleranten Kardinals Albrecht die Zufluchtsstätte[1]) so vieler herumirrender Ireniker, bot Witzel schliefslich ein Asyl, gewährte auch dem papistischen Buchdrucker eine Stätte. Wohl noch im Jahre 1539 gründete dieser dort diesseit des Dörfchens Weifsenau zwischen den Häusern des St. Viktorstiftes seine Druckerei, die achte in Mainz seit den Tagen Gutenbergs. Berücksichtigt man die verwandtschaftlichen Beziehungen Behems zu Cochlaeus und des letzteren Verhältnis zu dem Viktorstift und seinem Kapitel, so ist man wohl zu der Vermutung berechtigt, dafs Behem durch dessen Rat zur Wahl dieses Ortes bestimmt wurde.

In den Tagen des Herzogs Georg war Leipzig der Ausgangspunkt der katholisch-polemischen Litteratur gewesen. Aber gar bald klagten die Autoren, dafs sie nur dann Verleger fänden, wenn sie die Druckkosten selbst trügen. Luther beherrschte den Büchermarkt. Und die katholischen Verleger vertrieben schliefslich zum Teil auch reformatorische Schriften, weil diese Absatz fanden. Dem Wormser Edikt von 1521 gemäfs schritt der Landesfürst gegen den Vertrieb der Reformationslitteratur ein und setzte für Zuwiderhandelnde als Strafe die Landesverweisung fest. Michael Blum der Ältere entging diesem Schicksal nach einiger Haft nur durch demütige Abbitte.[2]) Mit Unrecht hat man auch die Hinrichtung des Nürnberger Buchführers Johann Herrgott 1527 auf den Verkauf antikatholischer Bücher zurückgeführt. Herrgott starb als wandernder socialdemokratischer Agitator und Revolutionär auf dem Schafott.[3])

Mit der Thronbesteigung Heinrichs wandte sich — wie bereits angedeutet — das Blatt. Jetzt traf auf das Betreiben des Kurfürsten Johann Friedrich die Rute der Prefspolizei die katholischen Verleger, wie Nikolaus Wolrab, einen Verwandten des Cochlaeus und Behems. Nunmehr durfte kein

---

[1]) Im Anfange des »lutherischen Handels« war sogar Mainz verrufen als Ausgangspunkt von Schmähbriefen gegen die katholische Lehre. S. Falk, Geschichtsblätter f. d. mittelrhein. Bistümer. 1884. No. 2. S. 36.
[2]) Kapp, Gesch. d. deutschen Buchhandels. S. 592. A. Kirchhoff, die kursächs. Bücherkommission. Archiv. f. Gesch. d. d. Buchh. IX, 47 ff.
[3]) s. Kirchhoff: Joh. Herrgott, Buchführer von Nürnberg und sein tragisches Ende. Archiv f. Gesch. d. d. Buchh. I, 15 ff. Luther war auf das »Herrgettlein« wegen Nachdrucks sehr erbost.

antilutherisches Werk mehr in Sachsen erscheinen. Der Rat von Leipzig hatte mit dem Superintendenten die Censur zu üben. Seit dem 9. August 1539 mufste alle acht Tage durch zwei Ratsherrn kontrolliert werden, ob kein Drucker das Verbot übertreten habe. Mochte auch die Kontrolle bei der schwankenden religiösen Stellung des Rates eine sehr gelinde sein, der mögliche Gewinn aus einem Verlag katholischer Bücher stand in keinem Verhältnisse zu dem drohenden Schaden. So verfiel der katholische Buchhandel Leipzigs. Die Centralstätte der lutherischen Litteratur blieb Wittenberg; Centralstätte des katholischen Verlags ward Mainz, die damalige Metropole des deutschen Katholicismus.

Hier, an der Wiege der Druckkunst eine Presse in den Dienst der katholischen Litteratur zu stellen, der Gedanke konnte recht wohl dem Hirne des spekulierenden Kaufmanns entspringen. Die Verwandtschaft mit dem hochangesehnen Gelehrten bürgte für Verlagsartikel, namhafte Autoren und renommierte Verleger und stellte ohne Zweifel auch materielle Unterstützung in Aussicht. Die Thatsache allein, dafs der Fremdling Obdach fand in einem Hause des Viktorstifts, dürfte die wirksame Fürsprache des Herrn Kanonikus bei seinen Amtsbrüdern beweisen. Fast scheint es, als ob die Mainzer Bürgerschaft die Niederlassung in der Stadt selbst nicht gestattet und Behem anfänglich gleichsam im Auftrage des Stiftes gedruckt habe. Als im Jahre 1548 und 1549 die litterarische Thätigkeit des Cochlaeus seinen Aufenthalt in Mainz notwendig machte, hatte er sein Quartier wieder im Viktorstift und richtete von dort aus, »ex castello S. Victoris«, am 11. April 1549 ein Schreiben an Nausea, welches sozusagen den urkundlichen Beleg für die warme Empfehlung und Unterstützung Behems bildet.[1]) »Was die Ausgabe Deiner Briefe betrifft,« — lautet die Stelle — »so habe ich bald meinen Verwandten, unseren Buchdrucker, gesprochen (affinem meum typographum nostrum). Ich sehe, dafs er Ew. Hochwürden durchaus ergeben ist. Er ist gewillt, bei allen Werken, wo immer er imstand ist, dem hochwürdigsten Herrn zu Diensten zu stehen und zwar in erster Linie, meine Person vielleicht ausgenommen. Auch wird er Sorge tragen, seine Offizin mehr und mehr mit guten Lettern und Schriftzeichen zu versehen. Schon früher kaufte er auf meine Kosten[2]) sogenannte Antiquaschrift; sie ist mittelgrofs, so wie die, welche in meiner Vorrede an den Leser in

---

[1]) Epist. Miscell. ad Fr. Nauseam. ll. X. Basileae. 1550 mense Martio.
[2]) Damals mufste sich also die pekuniäre Lage des Cochlaeus schon gebessert haben. Früher klagte er viel über Geldmangel. S. Heumann, doc. lit. z. B. S. 55 u. ö.

dem Werke des Brun[1]) gebraucht ist. Seine seitherige wird
er nicht gut länger anwenden können; denn sie ist schon ab-
genutzt und durch den langen Gebrauch stumpf.[2]) Es wird
also noch in diesem Sommer in neu hergestellten und schon
genau hier instand gesetzten Formen gegossen werden, damit
er Schrift zum Wechseln hat. Ferner hat er schon immer
einen besoldeten Korrektor im Hause, der keine andere
Aufgabe und Beschäftigung hat als sorgfältig zu korrigieren.
Gleichwohl habe ich, solange ich hier bin, stets alle Bogen in
zweiter Korrektur revidiert. So werde ich auch weiter ver-
fahren. Ich bin somit überzeugt, dafs Ew. bischöfliche Gnaden
nicht leicht eine andre Person finden werden, die zuverlässiger
und weniger unreell ist als er, der seit langer Zeit Ew. Hochwürden kennt und verehrt. In Italien ist ein Gelehrter, der
Bischof von Milet (?), welcher ihm ein theologisches Werk, ich
glaube von 9 Büchern, schicken wollte. Aber ich habe ihm in
meinem letzten Briefe abgeraten, damit nicht etwa die Sendung
bei der so grofsen Entfernung verloren geht. Er wollte meines
Wissens das Werk unentgeltlich gesetzt haben. Aber da er
bei uns Deutschen unbekannt ist, konnte ich meinem Schwager
nicht dazu raten, auf seine und meine Kosten das Werk
in Druck zu nehmen. Hinsichtlich der von Ew. Hochwürden
verfafsten Werke dagegen hätten wir viel bessere Aus-
sichten, namentlich was die mannigfachen wirkungsvollen
Predigten betrifft. Genug von unserer Geneigtheit, Ew. Hochwürden zu dienen. Sie wird uns niemals fehlen, so Gott es
nur fügt, dafs dem Willen immer die Kraft entspricht.«
    Die besondere Gunst, welche Cochlaeus seinem Schwager
zuwandte, mag wohl in dem biederen Charakter desselben ihren
Grund gehabt haben; aber sie war eine so uneingeschränkte,
dafs sie sogar den Neid der übrigen Verwandten erweckte.
Vornehmlich ist es das Haus, dessen Besitz Behem wohl der
Güte seines Schwagers verdankte, welches aber auch die Eifer-
sucht anderer Familienglieder erregte. Nikolaus Wolrab,
schreibt im Jahre 1545 seinem »lieben Schwager«: »am hauss
last euch genugen«, und seufzt: »wan ich ein hauss kunt bekummen, wi ir habt«. Wolrab, tief in Schulden geraten und
infolge davon 1541 seines Hauses, seit 1544 auch seines Geschäftes beraubt, mochte es bitter empfinden, dafs er der Hilfe
des Cochlaeus, welcher doch auch Behem zum Glücke ver-
holfen hatte, entraten mufste. Der Brief trägt trotz versuchter
Herzlichkeit den Stempel des Neides. Die traurige Lage, in

[1]) Im Monat August 1548 erschienen.
[2]) Vgl. den Brief v. Wolrab 1545. S. 32.

welche harte Gläubiger, gewissenlose Spekulanten wie Sebastian Reusch und der im Brief genannte Wollensäcker,
den armen Mann gebracht hatten, entschuldigt die trübe Stim-
mung. Trotz allem hat Wolrab den Mut noch nicht ganz verloren. Er will sehen, wie er mit »melich gehen« und »hinken«
fortkommt. Freilich in Leipzig eine neue Handlung zu er-
richten, dazu fehlt ihm die Lust, wohl auch das Geld, aber
»in Frankfurt an der Oder ist die Handlung in ihrem Ent-
stehen begriffen«. (S. 32.)
Wie der Verkehr mit bedeutenden Autoren durch Cochlaeus angeregt und unterhalten wurde, so bahnte dieser auch
manche Geschäftsverbindung mit Verlegern für Behem an.
Seiner Verwendung ist zuzuschreiben, dafs der wohlhabende
Theobald Spengel, Bürger in Mainz, den Verlag mehrerer
bei Behem gedruckten Werke übernimmt. Denn Theobalds
Vater, der Magister Johannes Spengel, und Cochlaeus waren
sehr befreundet. Auch die späteren Beziehungen zu den angesehenen Kölner Firmen Peter und Johann Quentel und
Birkmann sind sicher durch Cochlaeus eingeleitet.
Der von uns genannte Erstlingsdruck eröffnete eine statt-
liche Reihe schöner, gar manchem Bücherliebhaber wohl-
bekannter Werke und die Autorenliste enthält aufser Cochlaeus und Nausea folgende Namen von gutem Klange: Michael
Helding, den Merseburger Bischof; den genannten Witzel; den
berühmten Franziskaner, Domprediger Johann Wild; den Au-
gustinerprovinzial Johann Hofmeister; den Kardinal Hosius;
Martin Cromer, den Ermländischen Fürstbischof, Staatsmann
und Schriftsteller; den Konvertiten Thamer; Kornelius Loos,
den Vorläufer des edlen Spee; den Dr. Philipp Acker; den
Lic. jur. Melchior Weifsenberger und den angesehenen Rechts-
kundigen Nikolaus Cisner und viele, viele andere. Bis zum
Jahre 1553 wurden über 90 Werke verlegt.
In den Beginn der Thätigkeit Behems fällt sein bekanntester
Druck, das vielbesprochene lateinische Lobgedicht auf Gu-
tenberg und seine Erfindung[1] von Johannes Arnoldus[2]
Bergellanus d. h. von Bürgel in Sachsen oder dem bei Stein-
heim a. M. gelegenen Orte des Namens. Der Dichter war ein
Philologe von Ruf. Er hatte 1517—21 mehrere Komödien des
Plautus herausgegeben und ist ohne Zweifel der von Cochlaeus
gemeinte Korrektor Behems. Zu Korrektoren konnte man
nur gelehrte Leute gebrauchen. So bekleidete Ortwin Gra-

---

[1] Abgedruckt bei Joannis rer. Mog. i. III. S. 427.
[2] Mallinkrot, Diss. de ortu et progressu artis typogr. Köln. 1640.
S. 96 nennt ihn irrig Johann Anton; er bezeichnet ihn als Korrektor,
giebt aber nicht B's Geschäft an.

tius diese Stellung in der Quentelschen Druckerei, der gelehrte Franziskus Modius[1]) war Korrektor bei Sigismund
Feyerabend; Philipp Melanchthon stand in gleicher Thätigkeit bei Thomas Anshelm in Tübingen, der spätere Kardinal
Aleander bei Aldus Manutius.

Im Jahre 1541 gingen bereits 10 Bücher aus der jungen
Presse hervor, darunter zwei für den Unterricht in der katholischen Religion, wertvolle katechetische Werkchen, die
»christliche Lere« des Bischofs Johann VIII. von Meifsen in
deutscher Sprache und die »Fragestücke« (Quaestiones catechisticae) des Georg Witzel. Diesen Erstlingen folgten dann
weitere Werke der katechetischen Litteratur in mehreren Auflagen, wie der grofse Katechismus des Witzel, der Katechismus
des Merseburger Bischofs Helding von 1551 und die für die
zu examinierenden Kleriker bestimmten Catechismi ad ordi-
nandos des Domscholasters Adam Kuchenmeister von Gam-
berg, des Johann Wild und des Georg Witzel.

Von seiten der Neugläubigen hatten sich diese Bücher
trotz ihrer Vortrefflichkeit keiner Anerkennung zu erfreuen,
sondern erfuhren teilweise sogar bittere Anfeindung, obwohl
sie ganz frei von Polemik waren. Man sah in ihnen nur Versuche der »Päbstischen Prälaten und Theologen« »das Volk
hiedurch bei sich zu behalten oder wieder an sich zu ziehen«.[2])
Ganz ohne Grund fiel der Eiferer Matthias Flacius Illyricus
über den bereits 1549 bei Ivo Schöffer verlegten »kleinen«
Heldingschen Katechismus her, in seiner Schrift »Confutatio
Catechismi Larvati Sydonis Episcopi 1549, 8°«, welche im folgenden Jahre auch deutsch erschien unter dem Titel »Widerlegung des Larven-Bischoffs von Sidon«.[3]) Die deutsche Übersetzung dieses »kleinen« Katechismus wurde 1555 bei Behem
verlegt.

Die bedeutendsten Werke des Jahres 1541 haben zum Verfasser den genannten Wicelius. Wir finden darunter eines der
ersten Kirchengesangbücher, die Odae christianae, und den
Typus ecclesiae prioris in zweiter Auflage, »Anzeigung, wie
die heilige Kyrche Gottes inwendig siben vnd mehr hundert
jaren nach unsers Herrn Auffart gestalt gewesen sey«. Dieses
irenische Werk hatte Witzel für ein auf das Jahr 1539 von
Herzog Georg angesetztes Religionsgespräch mit erstaunlichem
Fleifse aus 76 Kirchenschriftstellern zusammengetragen. Die
Bedeutung der Schrift hat L. Pastor in seinem Buche »Die

---

[1]) W. Scibt, Progr. der Klingerschule in Frankfurt a. M. Nr. 359.
[2]) Unschuldige Nachrichten. Leipzig. 1715. S. 783.
[3]) Genaueres s. Chr. Moufang, Die Mainzer Katechismen. Mainz.
1877. S. 68.

kirchlichen Reunionsbestrebungen während der Regierung
Karls V.ª¹) gewürdigt. Bei den Gegnern wirkte sie nicht,
sondern erregte nur deren Zorn. Dagegen war der Kurfürst
Joachim II. v. Brandenburg von derselben so entzückt, dafs er
das Manuskript nicht wieder herausgeben wollte. Als das Buch
endlich in Leipzig zum Druck kommen sollte, inhibierte Herzog
Heinrich denselben auf Veranlassung der Wittenberger Theologen und auf das Drängen des Kurfürsten Johann Friedrich.
Im Hause Wolrabs wurden die fertigen Bogen vernichtet.
Auch die Witzelsche Postill wurde beschlagnahmt. Mit Ge-
nugthuung meldete Luther im Oktober des Jahres 1539 an
Justus Jonas, dafs man gegen Wolrab wegen der Witzelschen
Bücher, besonders wegen der Postille, vorgehe.¹) Bezüglich
des Buchhändlers war die Freude von kurzer Dauer, denn dieser
hatte bei Hofe Gönner und kam bald wieder zu Gnaden. Die
verhafsten Bücher erschienen trotz aller Hindernisse, aber bei
Behem in Mainz und trugen dem Verleger Ruhm und Gewinn ein.

Auch das 1541 publizierte »Onomasticon ecclesie« Witzels
ist wichtig, eine Erklärung der christlichen Taufnamen, spe-
ziell der aus dem Griechischen und Lateinischen stammenden
Heiligennamen, welche er den deutschen Namen vorzieht. Er
verwirft dieselben gleichwohl nicht, »wie wohl sie nach der
heidnischen Barbarei fast schmecken«. Wicelius teilt ganz den
Standpunkt vieler Zeitgenossen, welche nicht einmal die deutschen Zunamen ertrugen, sondern in der verschiedenartigsten
Weise zu antiken zustutzten.²)
Dieser Druck trägt den Vermerk des kaiserlichen Pri-
vilegiums. Die neben dem kaiserlichen Doppeladler in zwei
Wappenfeldern sich befindende Henne mag wohl hindeuten auf
die Verbindung mit der Firma Franz und Arnold Birkmann
in Köln. Denn das Signet dieses Verlags ist die Henne. Die
Strafse »Unter der fetten Hennen« erinnert noch heute an jenen
grofsen Verlag, mit welchem Behem ohne Zweifel kurz nach
seiner Etablierung in Mainz Geschäfte machte. Früher war für
Birkmann der Mainzer Drucker Peter Jordan thätig.

Von 1545 an druckte Behem viel auf Kosten des »Ersamen
und Achtbaren Herrn Peter Quentels,⁴) Buchdruckers und

---

¹) S. 146 ff. — ²) de Wette. V, 207. No. MDCCCLXXXI.
²) Im Gegensatz zum Onomasticon erklärt das anonyme Wittenberger Namenbüchlein von 1537 die schönen deutschen Namen. »Aliquot
nomina propria Germanorum ad priscam etymologiam restituta.« Wittenberg. 1537. S. darüber Fr. Kluge, Von Luther bis Lessing. Strafsburg.
1888. 2. Aufl. S. 112 ff.
⁴) Ein P. Quentel druckte auch in Tübingen. So erschien dort 1532
die Übersetzung des N. Test. von H. Emser »mit zugefügten Summarien

Bürgers zu Köln« und später Johann Quentels und der Quentelschen Erben. Das Verhältnis zu Theobald Spengel dauerte bis
zu dessen Tode im Jahre 1568. Wir kommen auf diese Geschäftsverbindung zurück. Es könnte auffällig erscheinen, dafs
die Schwäger Behem und Wolrab nicht in Gemeinschaft arbei-
teten. Aber das war einmal bei dem Verbot, welches den
Druck katholischer Bücher in Sachsen untersagte, schwierig
und gefährlich; vielleicht hinderte auch der Eigennutz Wolrabs
ein gemeinsames Geschäft. Der vorhandene Brief des letzteren
beweist indes, dafs Behem sich bei seinem geschäftsgewandten
Schwager manchmal Rat holte. »Wolt ir« — so bescheidet
derselbe ihn — »daussen (nämlich vor der Stadt, extra muros)
lassen gissen und humpelwerk (schlechtes Zeug) machen, ist euch
nicht zu raten, besorge ir wert matrices und schrifft verterben«.

Nach kaum dreizehnjährigem Bestande erfreute sich die
Behemsche Offizin hoher Blüte, dank der Bemühung des
eifrigen Cochlaeus und dem Fleifse ihres Inhabers. Von be-
rechtigtem Stolze zeugen die auf Wilds Postill vom Jahre 1552
gedruckten Disticha:

Haec data Typographo cur sint insignia quaeris?
Haud levis excudit quoslibet ille libros.
Nempe dat in populos preciosa volumina tantum
Qualia pax, virtus relligioque probant.
Dixeris hunc vere thesauros edere mundo,
Quos sibi quisque velut pignora chara parat.
Carolus haec igitur Ferdinandusque Monarchae,
Fido, pro meritis arma dedere suis.

Als Signet ist, wie sonst auch allein, ein aufsteigender Löwe
mit dem Druckerballen und einem Kreuze gewählt, dessen
rechter Querbalken abermals ein Kreuz bildet; auf dem Helme
des Löwen steht die Concupiscentia. Die beiden Kreuze ✠

halte ich für gleichbedeutend mit dem einen Behemschen Mo-

nogramme ✠ — F. B. Das Wappen hatten dem obigen

Elogium zufolge Karl V. und sein Bruder Ferdinand dem Drucker
für seine Verdienste erteilt; denn nicht jedes beliebige Buch
druckt jener leichtsinnig, wie vielleicht andre, sondern er publi-

---

über veglichen capitel angezeigt wie Mart. Lutther dem rechten Text
(dem Hussischen exemplar nach) seins gefallens, ab vnd zugethan«. Kor-
rigiert wurde dieselbe laut Schlufswort am 30. Aug. 1532 durch Johann
Dietenberger, dessen »Biblia« 1534 bei Pet. Jordan in Mainz gedruckt
wurde. Dieselbe ist mit Holzschnitten von Hans Sebald Beham und
Anton (Woensam) von Worms geziert.

ziert nur kostbare Werke, wie sie Frieden, Tugend und Religion
gutheifsen; man könnte behaupten, dafs er der Welt wahrhaft
Schätze liefert, die jeder sich wie teure Unterpfänder, gleichsam
als Güter von bleibendem Werte, erwirbt. Der Wahlspruch
»Omnia ecclesiae catholicae submissa sunto«, welcher sich auf
dem Titelblatt einer Abhandlung des Augustiners Johann Hoffmeister aus Kolmar vom Jahre 1545 findet, spricht die Ergeben-
heit ebensowohl des Verfassers, als des Verlegers gegen die
katholische Kirche aus. Das Verdienst des letzteren um diese
wurde in einem kaiserlichen Privileg dat. Speier den 6. Nov.
1570[1]) ausdrücklich hervorgehoben. Den vorwiegend religiösen
Charakter des Verlags deutet auch das dritte Signet an, welches
in dem genannten Werke Hoffmeisters zum ersten Male vorkommt: der seine Jungen mit seinem Blute säugende Pelikan
auf einem von Tannenreisig und Tannenzapfen umkränzten
Hügel, darüber ein Stern, unter welchem »Sic« und die Vollendung des Spruches auf einem den Hügel umschlingenden Bande
»his qui diligunt« (So ergeht's denen, welche lieben). Rechts
unten auf einem Steine steht das Monogramm des Form-

schneiders $\bigwedge_{S}\bigwedge$ — H. S., welches indes weder dem berühmten

Hans Schäufelin noch Hans Sibmacher zuzuweisen ist.[2])
Vielleicht war ein Schwager Behems, Hans Schneider, seines
Zeichens ein Formschneider. In späteren Büchern steht unter
dem Pelikan noch folgendes Lobgedicht:

Exemplum veri Pelicanum cernis amoris,
Qui reficit pullos ipse cruore suos.
Sic amor est Christi, qui nobis sanguine fuso
Restituit vitam ac in cruore regna dedit.

Mitten in dem Glücke, auf welches Behem stolz sein durfte
— hatten doch gerade 1551 u. 52 bedeutende Werke wie der
Katechismus des Bischofs Helding, die Mainzer Agende und die
Wildsche Postill die Presse verlassen —, mitten im Glücke
trafen Behem drei harte Schläge in rascher Folge hintereinander,
der am 10. Januar 1552 eingetretene Tod des Cochlaeus, das
Hinscheiden von Behems Frau und die Vernichtung seiner
Druckerei im St. Viktorstift. Es war am 9. August des Jahres 1552, als der wilde Markgraf Albrecht von Brandenburg das wehrlose Mainz überfiel.
Da die von ihm geforderte Kontribution von Klerus und Bürgerschaft nicht aufgebracht wurde, plünderte er die Kirchen und

---

[1]) Joh. Flaminius, Genesis des Joh. Wild, aus dem Lat. übersetzt,
1571, enthält das Privileg.
[2]) S. Nagler, Monogrammisten. III, Nr. 1458. S. 591. Die Initialen
in Hoffmeisters Werkchen sind schwerlich von demselben Künstler.

steckte die Martinsburg in Brand. Am Abend des 22. August wurde das Kloster der Büfserinnen zu Weisenau, das Viktor-stift, die Karthause und in der Frühe des Bartholomäustages auch die hl. Kreuzkirche und St. Alban ausgeraubt und ein-geäschert. Schrecklich hauste die rohe Soldateska. Was nicht mitgenommen werden konnte, wurde zerschlagen; selbst das Heilige fand keine Schonung. Die kostbaren Bücherschätze, die wertvollsten Manuskripte und Drucke, welche die Stifts-bibliotheken bargen, wurden zerrissen, auf einen Haufen ge-schichtet und unter wildem Jubel den verzehrenden Flammen übergeben. Nach der unbegründeten Erzählung des Volkes ward allein das Franziskanerkloster geschont und zwar nur dem mutigen Johannes Wild zu Liebe, dessen männliches Auf-treten selbst dem rohen Kondottiere imponiert habe.[1] — Nach dem Protokolle des Viktorstiftes (Eintrag v. 7. Sept. 1553) waren von demselben nur zwei Häuser verschont geblieben. Behems Haus hatte jedenfalls das Schicksal der übrigen Gebäude geteilt; doch mochte er auf die Kunde von dem Heranrücken des Heeres Zeit gefunden haben, wenigstens einen Teil seiner Hab-seligkeiten, das Druckzeug und die Büchervorräte in Sicherheit zu bringen. Der Brief seiner Schwägerin Kaspar Wagner, der leider weder mit Datum noch mit Ortsvermerk versehen ist, scheint auf das damalige Mifsgeschick hinzudeuten. »Ich hab gehert« — bedauert die Schreiberin — »es sey euch grosser schad geschehen ietz in dem krieg, des ich garr serr erstoren (aufgeregt) pyn«. Und wenn selbst das meiste vor der blinden Zerstörungswut der Soldaten gerettet worden wäre, zunächst trat ein Stillstand der Presse ein. Aufser der zweiten Auflage des Heldingschen Katechismus ging bis 1554 kein Werk mehr aus derselben hervor. Der Katechismus aber war wohl schon 1552 im Druck vollendet; denn am Schlusse steht diese Jahres-zahl, die Herausgabe erfolgte im nächsten Jahre.

Behem mufste eine neue Werkstätte suchen. Wo er dieselbe zunächst aufschlug, darüber fehlt jede Nachricht. Auf den in den zwei nächsten Jahren erschienenen Drucken steht nur »Mainz«. Der Winterteil der Wildschen Postille vom Jahre 1556 trägt unseres Wissens zum erstenmal die Angabe: »Mayntz druckts Franciscus Behem zum Maulbaum« oder »zum grossen Maulbaum«. In diesem Jahre wird also Behem wohl jenes Haus erworben haben. Nach der Visitatio (Gebäudeverzeichnis) vom Jahre 1568 bildete es das »eck zu dreyen gassen«, neben dem späteren Wirtshaus »zum Birnbaum« belegen. Die Revisio vom

---

[1] Wohl auf Bitten des Mainzer Stiftsherrn Pfalzgrafen Ruprecht. Siehe Hegel, Chronik von Mainz. S. 127.

Jahre 1657 giebt es als »nunmehr ruiniert« an. Seinen Namen
trug es von den ursprünglichen Inhabern, der gleichnamigen
Patrizierfamilie »de moro«, aus deren Händen es dann in den
Besitz einer Familie »von Fürstenberg« übergegangen war.
Wie man die Behausung Schöffers, das Haus »zum Humbracht«
und den »Hof zum Korb«, kurzweg als »Druckhof« bezeichnete,
so nannte man von jetzt ab das Haus »zum Maulbaum« gewöhnlich »die Truckerey« und gab die Lage der Nachbarhäuser
nach dieser an: »gegen der druckerey über«, »hinden an der
Truckerey« u. ä.
  Offenbar erholte das Geschäft sich rasch wieder von dem
Schlage, der es betroffen. Vielleicht halfen auch die Geschäfts-
freunde dem wackeren Drucker wieder auf. Wenigstens berechtigt zu dieser Annahme die Thatsache, dafs die Verbindung
mit den Verlegern gerade in dieser Zeit eine innigere wird,
namentlich mit Theobald Spengel. Eine bedeutende Entschä-
digung für den gehabten Verlust aber erhielt Behem in dem
kaiserlichen Privileg für den Druck der Reichstagsabschiede
und kaiserlichen Verordnungen, welches nach dem Tode Ivo
Schöffers[1]) auf ihn und Spengel übertragen wurde, zum erstenmal am 23. September 1555. Ohne Zweifel hatten Verbindungen, welche Spengel am Hofe des Kaisers und Königs
besafs, sowie die ausgesprochen katholische Richtung des Behemschen Verlags diese Gunst erwirkt. Die Gesellschaft wuchs
durch den Beitritt eines dritten vermögenden Mannes, des
Mainzers Niklas Geyer, dessen Namen sich sowohl auf
vielen Behemschen Drucken, als auch unter dem Konzept eines
interessanten Briefes vom 5. Mai 1559 befindet. Franz Behem
ersucht in dem Schreiben einen Herrn Johann, seinen guten
Herrn und Freund, im Auftrage Spengels, den begonnenen
Druck der goldenen Bulle und der Kammergerichtsordnung zu
unterlassen, da er und seine Teilhaber das Privileg dafür erhalten hätten. Nach Rücksprache mit Spengel macht er ihm,
um ihn vor Schaden zu bewahren, das Anerbieten das bereits
Gedruckte zu übernehmen. Übrigens entschuldigt er sich wegen
seiner Forderung, die er stellen müsse, weil die Sache ihn nicht
allein anginge; wäre dies der Fall, dann würde er sich ja wohl
mit dem Adressaten vergleichen. Da gleichzeitig um Über-
sendung der fertig gewordenen Matrizen gebeten wird, so ist
der Schlufs wohl nicht zu kühn, dafs der Brief an einen Schrift-

---

[1]) Vgl. über die Ivo Schöffer 1548 erteilten Privilegien die interessanten Erlasse Karls V. und Berichte Heldings in A. van Recum, Einzelne Betrachtungen aus der Geschichte von Deutschland. Mainz. 1790.
Über das Schöffersche Geschäft handelt jetzt ausführlich Fr. Kapp, Gesch.
d. deutsch. Buchhandels. 1886. S. 67 ff.

— 13 —

giefser sich richtet, der als Nebengeschäft den Druck und Nachdruck betrieb, und zwar an keinen andern, als den durch Sigmund Feierabend bekannten Johann Rasch in Frankfurt am
Main. Der Bund der Firmen Spengel, Geyer und der Kölner
Birkmann und Quentel ist z. B. auf der Psalmenauslegung vom
Jahre 1565 symbolisch angedeutet durch die verschlungenen
Hände und den Spruch »Ditat servata fides«.[1]) Das Jahr 1556
weist sicher auf das Stiftungsjahr des Bundes hin. Mit Gott
beginnen die Männer ihr Werk: Um das Bild des auferstandenen Heilands stehen die Wort: sine me nihil potestis facere,
»Ohne mich vermöget ihr nichts«.
Über die Beziehungen des Hauses Birkmann in Köln zu
Behem sind wir durch den Mahnbrief vom 2. August 1570
informiert. Der eine Sohn Behems, Johann, hat vergessen
Birkmann das Verzeichnis seiner kursfähigen Bücher samt einem
Ballen Exemplare zu schicken; der andere, Kaspar, wird an
die Bücher erinnert, welche er dem Buchhändler Willer[2])
»von Frankfort gesantt hatt vs der kleinen company (Kompagniegeschäft) in dem vergangnen wyntter«. So ungünstig
das Urteil heutzutage über einen Geschäftsmann lauten mag,
dem ähnliche Mahnungen zugehen, die Söhne Behems waren
wohl nicht schlechtere Geschäftsleute als die meisten Buchdrucker der damaligen Zeit, welche neben ihrer Druckerei oft
ein anderes Geschäft betrieben, weil diese nicht sehr viel abwarf. Georg Hußner in Strafsburg war anfangs Goldschmied.
Valentin Bapst in Leipzig 1530 handelte mit Garn, Damian
Lunckewitz ebenda war Kürschner. Kaspar Behem hat —
und das ist schon eher begreiflich — auch eine Papierhandlung
en détail. Der Papierhandel war ein einträgliches Nebengeschäft
vieler Buchdrucker und Buchhändler.[3]) Selbst bei dem Vertrieb
der eigenen Werke war man lässig, ohne Routine; darf es da
wundern, wenn dem Absatz fremder Waren nicht viel Sorge
gewidmet wurde? Doch zurück zu Birkmann! Der herangezogene Brief lehrt, dafs der Verkehr zwischen ihm und Behem
ein naher war, und bestätigt somit in schöner Weise die bis
jetzt einzig bekannte Nachricht über denselben, welche sich in
Heinrich Pantaleons überaus wertvollem biographischen
Werke »Prosopographiae heroum« Basel 1565 findet. Pantaleon erzählt von Arnold Birkmann: »Als dieser vor einigen
Jahren meinen Entschlufs brieflich erfahren hatte, unterstützte

---

[1]) Dasselbe Signet findet sich auf Drucken des Matheus Harnisch zu
Neustadt a. d. H. 1590 und Josua Harnisch zu Heidelberg.
[2]) Georg Willer aus Augsburg, der im Jahre 1564 die Frankfurter
Mefskataloge begründete. Vgl. Schwetschke, Codex nundinarius. Halle. 1850.
[3]) s. Kapp, Gesch. d. d. Buchhandels. S. 474 ff.

— 14 —

er mein Bestreben und machte mich mit den berühmten Belgiern[1]) gütigst bekannt zu Mainz in Gegenwart der trefflichen Buchdrucker Franz Behem und Johannes Prubach. Ich war damals, 1565, dort auf meiner Reise.« In dem Streit darüber, ob der damalige Besitzer der Firma Birkmann Johann oder Arnold[2]) hiefs, giebt der Brief leider keinen unanfechtbaren Ausschlag. Er ist unterzeichnet »Arnold Birkmann«; aber damals so gut wie heute unterschrieb man ebensooft mit dem Namen der Firma wie mit dem eigenen Namen. Ein Druck vom Jahre 1571, Wilds Erklärung vom Buche Job, trägt die Bemerkung »Arnold Birkmann F.«, also »filius« Sohn, was auf Johann Birkmann sich beziehen kann. Auf den Behemschen Drucken kehrt noch lange Jahre immer und immer der Name Franz Behem, ja »ad divum Victorem« wieder, als längst Franz nicht mehr unter den Lebenden, am allerwenigsten im St. Viktorstift weilte.

Welchen Ruf Behem seiner Firma in verhältnismäfsig kurzer Zeit zu verschaffen gewufst, beweist unter anderem auch die Verbindung mit dem Buchführer, d. i. Buchhändler Johann Patruus in Posen. Auf dessen Rechnung druckte Behem schon 1555 ein prächtiges Missale (Mefsbuch) für die Kirchenprovinz Gnesen. Die Bekanntschaft beider Männer datierte von der Frankfurter Messe her, welche Patruus oft besuchte. Auch in dem Rechnungsbuche des Hauses Froben-Episcopius[3]) kommt derselbe vor. Er bezahlte diesem in Frankfurt im Jahre 1558 und 1559 Schulden. Wenn der Herausgeber jenes Rechnungsbuchs zu der Angabe »Patruus von Possen« oder »Pozen Ungarie« die Vermutung ausspricht, es sei hier die Stadt Posega am Orylava in Slavonien gemeint, so ist er völlig im Irrtum. Abgesehen davon, dafs Patruus sich in diesem Falle nicht hätte Posnaniensis nennen können, betreffen seine Verlagsartikel, soweit sie uns bekannt geworden sind, nur das polnische Posen. Ein Druck vom Jahre 1557, wie wahrscheinlich auch andre uns unbekannt gebliebene, ist sogar mit dem Privileg und Portrait des Polenkönigs Sigismund August versehen.

Behem druckte indes nicht nur für andre, sondern liefs auch bei anderen drucken, so vor allem bei seinen Kölner Freunden, dann aber auch bei einem Drucker Namens Gottfried von Kempen, welcher in den achtziger Jahren häufig in den Mefskatalogen genannt ist, jedenfalls einem Verwandten

---

[1]) Wohl mit Plantin und Moret.
[2]) Kapp, Gesch. d. d. Buchhandels, S. 104, bemerkt, dafs Kirchhoff den Bruder Franzens, Arnold, irrtümlich als Sohn bezeichne.
[3]) R. Wackernagel, Rechnungsbuch der Froben und Episcopius, Buchdrucker und Buchhändler zu Basel 1557—1564.

des Kölner Johann van Kempen. Daſs er mit der berühmten Plantinschen Offizin in Antwerpen in Verkehr stand, läſst sich schon aus der Nachricht Pantaleons (S. 13) vermuten. Die einzigen Dokumente freilich für diesen Verkehr, welche uns zu Gesicht gekommen sind, bestehen in einigen ungefalzten Druckbogen aus dem Plantinschen Geschäfte von Jahre 1575, welche mit den Briefen zur Bildung von Pappdeckel dienen muſsten. Auf dem einen Bogen machte die Hand des Drückers dem Setzer die Bemerkung: »Vitae Christi in Rodt.« Sollte das nicht zur Vermutung berechtigen, daſs jene Bogen, aus einem Brevier und einem juristischen Werke, im Auftrage Plantins bei Behem gedruckt sind?

Auf die geschäftliche Verbindung mit Feyerabend, dem berüchtigten Frankfurter Buchdrucker, haben wir bereits oben hingewiesen. Er besorgte Behem z. B. das Papier aus der Fabrik des Kilian Ziegler[1]) in Bonames bei Frankfurt a. M. Der eine der beiden vorliegenden Briefe, vom 30. Juni 1566, spricht von neuem für die Unreellität des Mannes. Behem hat erfahren, daſs Feyerabend den Augsburger Reichstagsabschied zu drucken vorhabe und zieht ihn darüber zur Rechenschaft. Der Angeschuldigte stellt sich freilich ob solcher Verleumdung im höchsten Grade entrüstet: »mecht auch woll dein (den) erlossen man wissen, der mich und euch so gern unwillig gegen einander wold machen« und verschwört sich hoch und teuer, daſs er nie im Sinne gehabt, Behem zu schädigen. Lehrreich ist auch die Bemerkung: »ich glaub, es sein leit, dij wirds verdrissen, das mir so woll ains mitt ainander sein«. Eher wollte er — versichert er — wider seinen eigenen Vater handeln, als gegen Behem und einen der Seinigen. Die bestehende Eintracht ist wohl mehr Behems als Feyerabends Verdienst gewesen. Ganz unbegründet wird das Gerücht von dem geplanten Nachdruck nicht gewesen sein. Das gute Verhältnis zwischen beiden Geschäftshäusern dauerte übrigens fort. Im Jahre 1578 forderte Feyerabend seinen Freund Kaspar Behem auf, seinen Konkurrenten Nikolaus Basse in Frankfurt wegen Nachdrucks der Mainzer Landordnung gerichtlich zu belangen.[2]) Ob Kaspar den Rat befolgt hat, darüber fehlt die Nachricht. Der Nachdruck[3]) war ehemals eine ansteckende Krankheit unter den Buchdruckern und Buchhändlern, gegen welche selbst Privilegien nichts oder nicht viel ausrichteten.

Behem stand mit den meisten namhaften Verlegern, Druckern und Buchführern seiner Zeit in geschäftlicher Ver-

1) Pallmann, S. Feyerabend. Frkft. 1881. S. 6.
2) Ebenda S. 59.
3) S. Kapp, a. a. O. S. 736 ff.

bindung. Und wenn sich dies auch nur für eine geringe Anzahl urkundlich belegen läfst, so ergiebt es sich aus der Weise
des damaligen Buchhandels als Notwendigkeit von selbst. Wollte
man seine Verlagsartikel absetzen, so mufste man die Frankfurter Messe besuchen. Wollte man die neuesten litterarischen
Erscheinungen kennen lernen, dort war die beste Gelegenheit.
Dort mufste der Schriftsteller einen Verleger für seine Werke
suchen. Dort fand der Verleger den Drucker wie den Buchführer; hier wickelte man die alten Geschäfte ab, fädelte neue
ein. Die Buchgasse war im 16. Jahrhundert nicht blofs der
Markt, auf welchem deutsche wie ausländische Kaufleute ihre
Waren zum Verkaufe boten, ihre Verträge abschlossen, ihre
Rechnungen beglichen, sie war auch der Sammelpunkt für Gelehrte jeden Faches. Die Buchhändlermesse ersetzte also für
jene Zeit in gewissem Sinne die heutigen Philologenversamm-
lungen. Johannes Cochlaeus erzählt öfters von seinen Reisen
zur Messe. Auch Johannes Moretus und Henricus Stephanus
sah Frankfurt zu dieser Zeit häufig als Gäste. Und letzterer
hat eine begeisterte Lobrede auf die Annehmlichkeiten der
Frankfurter Messe veröffentlicht. Manche Buchhändler, wie
der schon genannte Christoph Plantin, besuchten dieselbe all-
jährlich. Und dafs auch Behem selten fehlte, beweisen die
Mefskataloge, welche vom Jahre 1567 an seinen Namen oder
den seines Sohnes, mitunter beider zusammen,[1] später ihrer
Erben ziemlich regelmäfsig führen, und für die frühere Zeit, da
es noch keinen Katalog gab, zum Überflusse der Brief Wolrabs.
Von den einzelnen Geschäften, welche abgeschlossen wurden,
erfahren wir für Behem wenig. Im Jahre 1568 kauft Kaspar
für 15 fl. von Sigismund Feyerabend im Handkauf, also baar,
eine »Türkenhistory«. Aber wer hat Kontrolle über Kauf und
Verkauf geführt? Die Händler selbst wohl; aber wo sind ihre
Geschäftsbücher hingekommen?
Mit der Einsetzung der kaiserlichen Censurkommission im
Jahre 1569 erlitt der Frankfurter Büchermarkt einen empfind-
lichen Schlag. Schon Melchior Weifsenberger betont die strenge
Handhabung der Censur. Die später folgenden schärferen Verordnungen über Visitation erbitterten namentlich die lutheri-
schen Buchhändler. Die schliefsliche Folge war Rückgang des
Frankfurter Buchhandels und allmähliches Wiederaufblühen des
litterarischen Marktes Leipzigs.[2]

---

[1] Unter den am 14. Sept. 1569 vor den Frankfurter Rat beschiedenen
Buchdruckern, Buchhändlern und Buchführern werden beide aufgeführt.
S. d. Verzeichnis bei Kapp.
[2] Alb. Kirchhoff, Die kaiserl. Bücherkommission zu Frankfurt a. M.
und die Leipziger Messe. A. f. G. d. deutsch. Buchh. Bd. 7. Kapp, Gesch.
d. d. Buchh. 10. Kapitel.

Das gleiche Ansehen, dessen der Druckherr sich bei Ge-
schäftsgenossen erfreute, besaß er allenthalben, in der Stadt
und auswärts, bei Autoren und Männern der Wissenschaft,
Behörden und einfachen Bürgern, bei Fürsten, Adligen und
den angesehensten Personen geistlichen und weltlichen Standes.
Die schlichten Räume des Behemschen Hauses haben manchen
berühmten Gast gesehen. Aber sie können uns nichts mehr
von allen erzählen, welche bei dem würdigen Druckherrn ver-
kehrten. Mit wie vielen wird er in Briefwechsel gestanden
haben, doch sicher mit den Autoren, den Vorkämpfern der
katholischen Kirche in damaliger Zeit! Leider ist nichts von
all dieser Korrespondenz erhalten, als die geringen durch Zu-
fall ihrem Verderben entrissenen Schreiben, welche in unseren
Händen sind. Aber sie gestatten wenigstens einen Rückschluß
auf die Ausdehnung der verlorenen Korrespondenz. Besonderes
Interesse erregen die Briefe des Domherrn Philipp Arbogast,
Seniors des Stiftes Merseburg, weil sie sich auf den berühmten
Bischof Michael Helding oder Sidonius, wie er gewöhnlich
kurz nach seiner Diöcese Sidon i. p. infid. hieß, beziehen. Das
erste Schreiben vom Jahre 1564 hat geradezu historischen Wert,
weil es zeigt, wie die kurfürstliche Regierung nach der Annexion
des Merseburger Bistums mit dem Nachlasse des Bischofs ver-
fuhr. Merseburg so gut wie Meißen und Naumburg wurden
bekanntlich als Bistümer »des Hauses Sachsen« von diesem in
Besitz genommen und die Hinterlassenschaft des Bischofs mit
Beschlag belegt, darunter auch die nachgelassenen Schriften
Heldings. Behem, welcher dieselben gerne gedruckt hätte,
wandte sich an den genannten Domherrn; dieser versuchte
durch den Kammermeister, welcher die Silberkammer sowie
die übrigen Habseligkeiten des verstorbenen Bischofs im Namen
des Kurfürsten »in Verwahrung« hatte und verwaltete, »vertraulicher Weise« die »verlassen scripta« seines gnädigen Herrn
zu erhalten, aber vergeblich. Der Kammermeister hatte den
strikten Befehl nichts herauszugeben und schlug der Ordre ge-
mäß dem Domherrn die Bitte ab. Indes erfüllte sich die Hoffnung Arbogasts, daß zwischen dem Kurfürsten und den vom
Bischof bestellten Testamentsvollstreckern, den Kapitularen, ein
friedlicher Vergleich zustande kommen werde. Denn nach dem
zweiten Schreiben vom Jahre 1568 waren die betreffenden
Schriften bereits gedruckt. Es war dabei ohne Zweifel Heldings Postill, denn diese sandte Behem dem Schreiber; welche
Schriften Arbogast sonst zum Druck eingeschickt hat, darüber
können wir keinen Aufschluß erteilen. Merkwürdigerweise
fanden wir in den Jahren 1566—70 nur neue Auflagen des
Katechismus von Helding, aber keine neuen Werke desselben.

Doch ist in der Bibliotheca librorum v. G. Draud 1611 noch eine Erklärung der Sprüche Salomonis von Helding 1571 Mainz ohne Drucker angeführt, und eine neue Ausgabe der Postill mit vielen Predigten 1568. Das von Behem auf dem Briefe von 1564 genannte »herzogk Jörgen bettebuchlin« ist nirgend sonst erwähnt. Sollte es vielleicht auch ein Werkchen Heldings sein oder ist darunter Michael Vehes berühmtes Gesangbüchlein verstanden?[1]) Behem soll, so ersucht Arbogast, seinem Versprechen gemäfs »ettliche exemplaria« schicken und zwar durch einen Leipziger Buchführer, dem er die Bücher in der nächsten Herbstmesse mitgeben könne. Das Verlangen war billig, denn die wenigen Freiexemplare waren das einzige Honorar des Herausgebers. Gleichzeitig erinnert Arbogast den Drucker auch an seine Verpflichtung gegen den Sohn des Bischofs Helding, Theodosius. Im Januar des Jahres 1570 scheint Behem dem Gesuche entsprochen zu haben.[2]) Denn in dem dritten Briefe wird er nur noch an die übrigen früher erbetenen »katholischen Bücher« geinahnt. Die drei, von einer ziemlich lebhaften Korrespondenz allein übrig gebliebenen Schreiben lehren übrigens, wie genügsam man ehedem überhaupt im Briefwechsel war. Was heutzutage in Wochen, ja in Tagen sich erledigte, das zog sich dereinst gemütlich Jahre hin. Den dritten Brief überbrachte offenbar der in demselben genannte Leipziger Buchhändler Jakob Apel. Hübsch ist die Weise, in welcher Arbogast dem Buchdrucker nach weiteren Heldingschen Büchern den Mund wässerig macht. Aus dem Drucke der erwähnten Predigten, des schönen carmen und der »feinen Präfatio«, welche der gelehrte Dr. Philipp Acker verfassen sollte, scheint nichts geworden zu sein. Überaus zu bedauern ist, dafs die von Arbogast geplante Sammlung der Briefe Heldings nicht publiziert ward. Schwerlich hat man die wichtige Korrespondenz des Mannes vernichtet. Sollte sie sich nicht in Merseburg, Dresden oder Leipzig noch zum gröfsten Teil vor-

---

[1]) Joh. Ferus hat auch ein Gebetbuch in Mainz ediert. Drauds collectio librorum führt eine Ausg. v. 1571 in 8° an ohne Drucker und 1607 in 12° bei Joh. Albin. Daher ist wohl auch die Ausgabe v. 1571 bei Behem gedruckt.

[2]) Oft klagen die Autoren über die Verleger. S. z. B. den Brief des Cochlaeus an Pirkheimer, 1529, 30. Nov., bei Heum. doc. lit. S. 67. »Jetzt, wo ich schärfer gefordert habe — klagt C. über einen Leipziger Buchhändler — schützt er die schwierigen Zeiten, die allgemeine Verwirrung vor, und verweigert sogar ferner Willfährigkeit; aber ich habe schon früher die Ungerechtigkeiten der Buchdrucker geduldiger ertragen lernen samt gröfserem Schaden, als ich zu sagen wage, damit mich meine Feinde nicht darob verhöhnten.« Ebenso klagt Johannes Huttich bitter über seinen Verleger. (Heum. doc. lit. S. 226 ff.)

finden? Dann wäre ihre Herausgabe ein höchst verdienstvolles Unternehmen.

Nicht so wichtig wie jener Briefwechsel, aber immerhin lehrreich für die Art des Verkehrs, sowie für die Censurverhältnisse der Zeit sind die beiden Briefe von und an Melchior Weifsenberger, Lic. juris, Syndicus zu Gelnhausen. Die günstige Gelegenheit, dafs der Stadtbote von Gelnhausen ohnedies durch Mainz reisen mufs, benutzt der Schreiber, um Behem an die von ihm verfafsten Tabellen zur Kammergerichtsordnung zu erinnern und die Anfrage zu stellen, ob die kurfürstliche Kanzlei noch keine Verfügung über deren Druck erlassen habe. Das Konzept des Behemschen Schreibens, welche der zurückkehrende Stadtbote mitnahm, teilt zwar das Lob des Mainzischen Kanzlers, wohl Christof Fabers, mit, dafs die tabulae von grofser Arbeit zeugen, zugleich aber auch dessen Rat, man solle das Manuskript erst in die kaiserliche Kanzlei schicken, damit nicht der Mainzischen Kanzlei Unannehmlichkeiten erwüchsen; »dan unser G. Churf. vndternymet sich das nicht, ohne zuvor bewust keyserlichen Cantzley«. Auch die Visitationsabschiede, in denen manches geändert und ausgelassen sei, sollten erst der kaiserlichen Kanzlei zur Revision übersandt werden, da sie sonst nicht gedruckt und verkauft werden dürften; denn der Mainzer Kurfürst »als oberster Canczler des reichs, kan nicht bewilligen noch zulassen, zu drucken an vorwissen der kayserlichen Canczley zu besichtigen«. Welche lästige Verzögerung der Druck durch solche Abhängigkeit von den Kanzleien und dem guten Willen ihrer Beamten erleiden konnte und mufste, ist klar. Auch der Brief des Daniel Koch vom Jahre 1574 an Kaspar Behem bestätigt dies. Der Druck der Kammergerichtsordnung hapert vornehmlich nur an einem Visitationsabschied, den der säumige Kanzler zu Speier nicht geschickt hat. Der Schreiber ist wohl der bei Draud als Verfasser des Werkes: »De arbitrariis Judicum quaestionibus et causis ll. duo« erwähnte Koch Craneveldius. Das Werk ist 1576 in Frankfurt und 1583 in Köln bei Gymnicus erschienen.

Der letzte Brief eines Autors an den Drucker oder vielmehr an seinen Sohn Kaspar ist geschrieben von dem Magister Konrad Distell, Pfarrer zu St. Johann in Worms, dem Verfasser mehrerer geistlichen Schriften. Er bittet den Adressaten, seinem Vater zu sagen, er wolle in der Postille, gedruckt 1582, ein Predigtformular aufstellen, eine grofse Arbeit, zumal einem »also hochgelehrten Manne« gegenüber, wie Helding. Dessen Postille hat Distell nämlich für die Jugend bearbeitet. Was es mit »des Craendonchi process« auf sich hat, ist nicht

— 20 —

klar. Johannes Craendonch, Guardian des Franziskaner-
klosters in Mainz und Nachfolger Wilds, edierte Johannes
Spangenbergers Postill von neuem im Jahre 1567.[1]) Ob hier
von Plagiat die Rede ist, wer »der gute Hauptherr« ist, der
»veruntreut« wurde, wer mag das entscheiden? »Hec tibi
dicta«, »das unter uns«, setzt der Schreiber vorsichtig hinzu.
Es muſs ein ebenso wackerer Pfarrer als gemütlicher Mann
gewesen sein, jener Magister Distell. Am Schlusse der Vorrede zu seinem Werke »Summa oder kurtzer Begriff vber die
Lehr vnd Puncten, welche von vnserm Seligmacher Christo
Jesu seinen Gläubigen, als ein ewig vnzerstörlich Testament,
durch alle Empörungen vnnd Gefahr, sampt jetzt schwebenden
Zertrennungen Christlicher Religion, endlich das Reich Gottes
dardurch, aufs Gnaden zu besitzen, steiff vnnd fest handzuhaben,
befohlen, vnnd eyngebunden, gestellt vnnd verfaſst, in Form
eines Dialogismi oder Gespräch« nennt sich der Verfasser ausdrücklich »Catholicus« und erklärt in einem zweiten Vorwort
an seine Pfarrkinder nochmals, daſs er auf Seite der Catholici
bleibe und mit der neuen Lehre nichts zu schaffen habe. Der
kindlich fromme Mann bekennt, daſs er von 1559 bis dato »an
dem Pflug der Catholischen Arbeit gezogen hab« und »an dem-
selbigen etwas müd vnd vnvermögenlich leibs halben geworden
sei« durch »erbliche Krankheit Podagrae«. Dies Leiden nötigt
den armen Mann das Bad Ems zu besuchen. Von dort aus
schreibt er den vorliegenden Brief. »So euch wohl geht, —
klagt er, — »ist mir lieb; ich fure an der haut unnd im seckel
einen hartten orden«. Den echt rheinischen Humor haben auch
die Gichtknoten und die Ebbe im Beutel nicht vernichten
können. Haben wir nicht in Distell das Urbild des Lennig-
schen »Bauers im Bade«?

Mehr in den Kreis der Bekannten und zwar hochstehender
Personen versetzen uns die Schreiben des Herrn Christof
Faber, des kurfürstlichen Kanzlers zu Aschaffenburg. Behem
war dem Manne sicher zu manchem Dank verpflichtet und
zeigte sich ihm daher gerne erkenntlich. Er lieh ihm bereit-
willig eine Postille zum Lesen. Oder hatte er sie dem vornehmen Herrn als Dedikationsexemplar gesandt in der stillen
Hoffnung, derselbe würde sie kaufen? Besonders hübsch dünkt
uns der an Kaspar Behem gerichtete Brief wegen des kleinen
Verstoſses, welcher dem Herrn Kanzler passiert. Schicket
meiner Frau ein Haushaltungsbuch — bittet der Herr Doktor
— so grofs wie das vorige, welches Ihr meiner Hausfrau »auch
verehrt« habt. Mit Schrecken bemerkt der hochgelehrte Herr

---

1) Draud, a. a. O. ohne Drucker. 1594 u. 1606 b. Albin.

den faux-pas, welchen das »auch« angerichtet, und streicht es
entrüstet aus, schickt aber den Brief doch ab. Vielleicht hat
das Wörtchen auch in korrigierter Form seine Wirkung noch
gethan. Ein besonders gutes Verhältnis bestand zwischen der Behemschen Familie und denen von Kronberg. Das begüterte
Geschlecht besaß in Mainz den Kronberger Hof bei der
St. Ignazkirche. Als am 16. Mai 1550 die Söhne Hartmuds X.,
des Älteren, die väterlichen Güter teilten, fiel das Mainzer Haus
an Hartmud XI. oder den Mittleren.¹) Dieser machte den
Drucker Franz Behem zu Anfang der sechziger Jahre zum
Hausmeister des Hofes. Als solchen nennt ihn die Häuser-
visitation von 1568: »der Kronberger hoiff mit seinem begriff,
haus, hoff, ställen unnd gärten hinden aus gegen der statt-
mauer stossent, hatt itzt her Frantz Behem hausmeister in ver-
waltunga.²) Ihm war auch die Sorge übertragen für den drei-
zehnjährigen Sohn Hartmuds, Hans Jörg, welcher die Mainzer
Hochschule besuchte. Seinetwegen schreibt die treubesorgte
Stiefmutter, Margarethe Brendel von Homburg, die Schwester des regierenden Kurfürsten Daniel, am 30. Juni 1574 an
Behem. Da sie lange nichts vom Söhnchen vernommen hat,
ist sie in Unruhe. Die Sommerferien sind vor der Thüre.
Daher fragt sie, ob sie beide, Hans Jörg und seinen Präzeptor,
holen lassen soll; hoffentlich hätten beide ihre Kleider und
Bücher in Ordnung. — Die Zeiten ändern sich; aber die Mütter
des 16. Jahrhunderts kannten die Schwäche der studierenden
Herren Söhne so gut, wie die Mamas des 19. Jahrhunderts.
Hans Jörg machte seinen Eltern Freude und Ehre. Er stieg
empor bis zum Kurmainzischen Rat und Oberamtmann zu
Höchst und Hochheim; sein älterer Bruder Johann Schweik-
kard brachte es noch weiter, er bestieg im Jahre 1604 den
erzbischöflichen Stuhl zu Mainz. — Auch zwei Schwäger Behems
standen zu dem angesehenen Adelsgeschlechte in Beziehungen,
Christmann Beck, wohl zu Kronberg Verwalter, und Abraham Hausmann, Kronbergischer Keller oder Amtmann zu
Oppenheim.³) Letzterer war vielleicht ein Schwiegersohn Franz
Behems.⁴) Des ersteren Sohn, Hartmann, scheint in Mainz
die Universität zu besuchen. Behem hat die Verpflichtung über·

¹) Tabor, handschriftl. Mitteilungen über das Geschlecht aus dem
Frankensteinschen Archiv. Bibl. des Ver. f. nass. A. u. Gesch. zu Wiesbaden.
²) In der Stadtrevision v. 1594 heifst es: der kronberger hof ist nunmehr dem herr burggrauen zu Fridberg Eberharden von Cronberg zuestendig.
³) Walther, der Sohn Hartmuds X. hat den Kronbergischen Besitz
in Oppenheim erhalten. S. Tabor a. a. O.
⁴) s. Br. 12.

nommen, denselben unterzubringen. Dem Onkel ist es recht, wie Behem betreffs des jungen Studiosen verfügt. Er hofft, daß auch der Schwager Christmann damit zufrieden ist, mag auch die Geschichte etwas teuer werden, im Vierteljahr mehr als einen Gulden kosten. Es ist ohne Zweifel der Pensionspreis gemeint. Die Auslagen für Leinwand etc., welche Behem etwa für Hartmann hat, wird Hausmann gelegentlich zurückerstatten. Wie Margarethe von Kronberg über die gewaltige Hitze seufzt, so macht man in Oppenheim »großs Geschrei« ob der Luft, im Dezember jedenfalls über die Kälte. Die Geschäfte werden nicht vergessen: Behem soll einen uns unbekannten Herrn Daniel Dechanten fragen, ob er Hopfen brauchen kann. Im späteren Brief dagegen muß er Kaspar Behem die Bitte um Überlassung von Korn abschlagen, da er allen Vorrat zu einem verhältnismäßig billigen Preis, 3¼ fl. das Malter, in der vergangenen Woche verkauft hat. Hätte er es früher gewußt, daß Kaspar Korn gewünscht, er hätte es ihm leicht schaffen können. Jetzt ist guter Rat so teuer wie das Korn: das Malter Korn kostet vier Guldenbatzen, das Malter Haber 2 Thaler. Da hat man freilich alle Ursache zu seufzen: »ist schrecklich zu hören, gott wolle es bessern!«

Die Beziehungen zu den nächsten Verwandten des Kurfürsten, sowie die Bekanntschaft mit hohen geistlichen und weltlichen Würdenträgern machen es mehr als wahrscheinlich, daß Behem auch dem Fürsten selbst näher getreten ist. Die erhaltenen Druckprivilegien waren schließlich ihm zu danken. Auch die Ernennung des Mannes zum Kaufhausmeister ist ein Zeichen der Gunst des Fürsten. Zum erstenmal wird er in dieser Würde genannt im Jahre 1570. Ohne Grund behauptet Schaab, die Druckerei sei damals auf Kaspar Behem übergegangen. Im Geschäfte war derselbe viel früher thätig, auch als Teilhaber erscheint er bereits eher. So besuchte er schon 1567 die Messe. Nach der Stadtaufnahme von 1568 hatte ihm der Vater das Haus zum Maulbaum überlassen, als er in den Kronberger Hof übersiedelte. Das geschah vermutlich 1565; denn damals verheiratete sich Kaspar und wurde als Bürger aufgenommen. Im Ratsprotokoll dieses Jahres unter dem Vicedom Philipp Brendel von Homburg steht unter den am 15. Mai Dienstags neu aufgenommenen Bürgern auch »Kaspar Behem Buchtrucker« und zwar unter den »Auslendig«, die »habenn Bürgers Kinder vnnd Withweiber genohmmen, vnnd zum theil ihre Weiber auch frembdt; dieselbigen aber haben zuvor, wie breuchlich, Jder fünffzig guldenn angelegt«. Der alte Behem ist keineswegs aus dem Geschäfte ausgeschieden. Mag er auch manche Last auf die kräftigen Schultern des Sohnes

abgeladen haben, wie den Besuch der Messen oder die Sorge
für die Druckerei im besonderen, er selbst blieb die Seele des
Verlags. Klugheit war es, wenn er sich und dem Sohne zugleich das kaiserliche Privileg für den Druck der Reichstagsabschiede verleihen läfst, so 1566, 1567 und noch später.[1]
Allerdings scheint Kaspar schon seit 1563 Einzelnes auf eigene
Rechnung gedruckt zu haben, aber nur Promotionsschriften,
sogenannte Assertiones, deren die Mainzer Stadtbibliothek eine
ziemliche Menge besitzt. Kaspar war also, wie wir sagen
würden, Universitätsbuchdrucker. Übrigens besuchte auch der
Vater zuweilen noch die Messe, 1569 ist er mit seinem Sohne
dort, 1577 allein. Durch Reisediener, deren sich andre bedien-
ten, liefs Behem — wie es scheint — nicht die Messe besuchen.

Bis ins hohe Alter hinein behielt er das Interesse für sein
Werk, und dafs auch die Autoren ihn stets noch in späteren
Jahren als den Geschäftsinhaber betrachteten, dafür spricht der
Brief Distells vom Jahre 1584. Jeder hatte offenbar gerne mit
dem alten Herrn zu thun, den man sich als das Urbild eines
klugen, zuverlässigen, ordnungsliebenden Geschäftsmannes vor-
stellen mufs. Kleine Züge deuten den Charakter an. Fast
jeder Brief trägt von der Hand Franzens den Empfangsvermerk,
mitunter weitere Notizen. Gewissenhaft sind die vier Heller
verzeichnet, welche die Botenfrau erhält, desgleichen der eine
Pfennig, freilich damals mehr wert als heute, welcher dem
Kärcher zum Lohn wird, da er das Packfäfslein für den Junker
Hartmud »rein« führt. Mit der gleichen Gewissenhaftigkeit
verzeichnet der freundliche Wirt die zu einem am 4. und 5. Juli
1563 stattfindenden Feste geladenen Gäste und die Menus für
die beiden Soupers, zwei Gabelfrühstücke und ein grofses Diner.
Es ist genau festgestellt, wer Sonntag zum Abendessen, Montag
Mittag erscheint, wer zum Diner kommt u. s. w. Zu dem
splendiden Mahle haben auch Freunde beigesteuert. Junker
Hartmud hat, unbekümmert um Jahreszeit und Jagdgesetz,
einem Hasen den Garaus gemacht und spendet ihn samt einer
feinen Pastete dem Gastgeber. Herr Doktor Jörg, der würdige
Domprediger, läfst sich nicht lumpen und schenkt »ein gantz
kalp«. Aber warum wird so fest gegessen? Der treffliche
Hausvater, die Familie, die Gäste wissen es. Da mag manch
schöner Spruch zu Ehren des oder jenes wohlweisen, fürsich-
tigen, erngeachten und firnemen Herrn gesprochen sein; manch
artig Kompliment mag diesem züchtigen Fräulein die Wangen
zart gerötet haben. Lust und Freude herrschte in den Räumen

---

[1] Für den Reichstagsabschied zu Augsburg 1582 wird Kaspar Behem
allein das Privileg erteilt.

des Kronberger Hofes. Hätte der gute Behem geahnt, dafs
drei Jahrhunderte später sein Speisezettel noch unseren Appetit
erregte, er würde jedenfalls zugefügt haben, wem zu Ehren der
Schmaus gehalten werden sollte. — Wahrscheinlich galt die
Feier einer Hochzeit, möglicherweise der Wiedervermählung
Behems selbst. Denn er war sicher zweimal verehelicht. Die
erste Gattin, Elisabeth Dobeneck von Wendelstein, war ihm
wahrscheinlich 1552 gestorben. Name und Persönlichkeit der
zweiten Frau bleiben uns unbekannt. Sie heifst in den Briefen
nur »Hausfrau«. — Unter den zum Mahle geladenen Personen
erblicken wir den Herrn Vicedom von Mainz, Philipp von Stockheim (1544—1564).[1]) Ihm zur Seite sitzt der hochgelehrte
Nachbar Behems, Herr Doktor Diether Kauff, der Rektor
der Universität. Auch Herr Doktor Sachfs mufs ein ange-
sehener Herr sein. Von geistlichen Herren sind aufser dem
frommen Pfarrer zu St. Ignatius, Herrn Georg Scholl, an-
wesend Herr Doktor Jörg Artopöus, der Domßfarrer, Herr
Johann Bauer von Wendelstein, Dekan des St. Viktorstifts;
auch der Herr Kanonikus Johann Fischer und der fein-
gebildete, geistreiche Herr Kanonikus Johannes Vonhoff,
Assessor der philosophischen Fakultät, haben der freundlichen
Einladung Folge geleistet. Der würdige alte Herr dort ist der
Ratsherr Hans Waltmann; er ist ins Gespräch mit dem Herrn
Werkmeister Gerhard Ebersheim vertieft. Auch der ge-
wesene Rentschreiber, Herr Kaspar Schmuck und sein Nachfolger, Adam Martini, unterhalten sich eifrig. Theobald
Spengel und Niklas Geyer besprechen die heurige Geschäfts-
lage; es ist ja für den Buchhändler eben Sauregurkenzeit. Viele
Freunde und Bekannten der biederen Nachbarn, und wie sich's
für ein ordentliches Haus geziemt, auch die Geschäftsbedien-
steten, die wackeren Formschneider, sind geladen. Leider
kennen wir nicht alle Gäste. Niemand stellt sie uns vor.

Fast die einzige Auskunft erteilt über sie die schon erwähnte »Visitatio, Registrirung unnd verzeichnung aller hoiff,
heuser, scheurn, ställen, garten, wysen, wingartenn, brunnen,
plätzen, almenten, reweln und gassen inwendig der Churfurstlichen stadt Meyntz und am Rein aus wendig dran hinab,
durch die Churfurstliche Meintzische verordnete der zeit, die
ern unnd wolachtbare ersame,

---

¹) Mainzer Ratsprotokoll 1544. S. 31. »vff heudt montagk nach Mathie
apostoli anno 1543 (!)« ist der Einsetzungsbefehl für Philipp von Stockheim
erfolgt«. — 1565 ist Philipp Brendel, der Bruder des Kurfürsten Daniel
Virtium in Mainz. Über das Amt der Vicedome, welche seit 1515 auch
Hofrichter waren, s. Bockenheimer, Beitr. zur Gesch. der Stadt Mainz.
Mainz. 1874.

	Johan Fausten, Gewaltspotten	
	Hans Walchen, Bawmeistern	
hernn	Philips Hoigle, Wachthern	
	Caspar Rawen, Schatzmeistern	
	Johan Zapffen, Ratsverwanther	zu Meintz

	Gerhart Ebersheim Zimnierman	Werck-
meister	Endres Steinmetz	meistern
	Seiffrid Dornbergern Leydecker	
	Niclaus Crafften Wachtgebietern	

umbgangen, visiirt unnd verzeichnet worden von dem acht-
zehenden an bis auff den dreissigsten tag des monats Octobris
Anni incarnationis salvatoris nostri Millesimo Quingentesimo
sexagesimo octavo

Geschriben unnd colligirt durch Georg Woltzen burgern
und teutschen Schulhaltern zu Meintz, zu disem, verordneten
Bawschreibern. 1568.« Freilich für manche Person läfst auch
sie uns im Stich. Denn damals war schon gar mancher der
lieben Gäste aus dem Leben geschieden, so Spengel und Waltmann; andre mochten verzogen sein.

Die nächsten Familienglieder Behems sind, wie erklär-
lich, nicht aufgeführt, sondern nur die entfernteren Verwandten,
Vettern und Schwäger, deren eine ziemliche Anzahl vorhanden
war. Der Titel »Schwager« wurde übrigens offenbar in sehr
weitem Umfange erteilt. So läfst sich der Grad der Verwandtschaft im einzelnen nicht feststellen. Von der engeren Familie
haben wir bereits einige Glieder kennen gelernt. Im ganzen
hatte Behem vier Söhne: Melchior, Kaspar, Johann und Liborius.
Melchior oder Kaspar war der älteste. Ersteren läfst die Schwägerin Behems grüfsen schon 1553 (?) und verspricht ihm ein
schönes Büchlein. Auf einer seinen verstorbenen Eltern zu
Ehren im Jahre 1602, 1. Nov., errichteten Gedenktafel giebt
er an, dafs er 43 Jahre lang Priester sei. Demnach ist er 1559
geistlich geworden. Nach dem Protokolle des St. Viktorstifts
war er Kanonikus der Kirche B. Mariae virginis ad gradus und
der hl. Kreuzkirche und später Dekan an derselben; ferner
wird er als Altarist zu St. Agnes und St. Klara bezeichnet;
lange wirkte er als Pfarrer zu St. Ignaz. Durch seinen Verwandten, den Dekan Johann Bauer von Wendelstein (1561–69),
erhielt er am 27. April 1564 die Allerheiligen-Vikarie am
Viktorstifte. Nach der bei Balthasar Lipp in Mainz 1618 gedruckten Matrikel hat Melchior im Jahre 1565 sich den Doktor-
grad erworben. Im Jahre 1568 war er Pfarrer in Geisen-
heim im Rheingau. Als solchen nennt ihn das Protokoll vom
St. Viktorstift und sein Vetter Emmerich Wacker aus Eisenach. Dieser bittet den wolgelahrten herrn, ihn und seine

Braut zu trauen und lädt ihn samt seiner lieben Hausfrau zur
Hochzeit ein. Wenn der Ausdruck nicht soviel als Haushälterin
bedeutet, war Melchior, wie auch manche andre katholische
Geistliche der Zeit, verheiratet. Witzel, der sog. »griechische
Priester«¹), verehelichte sich dreimal. Der Mainzer Hofklerus
ist zum Teil recht laxer Moral gewesen. Die bitteren Klagen
des Engländers Robert Turner über die Zucht am kurfürstlichen Hofe waren keinenfalls unbegründet.⁸) Vielleicht war
auch Melchior Behem von dem bösen Geiste angesteckt worden. Jedenfalls hat er, wie die meisten, in gutem Glauben
gehandelt. Seit 1575 war er Pfarrer in Ostrich im Rheingau.
In einem Prozefs, welchen das Hattenheimer Gerichtsbuch enthält, entscheidet Konrad Behem, »kaiserlicher Notarius und
des hl. Stuls Sachen zu Maintz geschworener Schreiber« und
Melchior Behem unterzeichnet: »Executio haec facta per me
Melchiorem Behem, plebanum in Oestrich 3ª dominica adventus
A° 81.« In der Stadtrevision von 1594 wird er als Besitzer
eines Weingartens am Rhein »auf dem Grafswege« erwähnt
und »herr Melchior Behem der jung« genannt, wohl zum
Unterschied von zwei älteren gleichnamigen Kanonikern, Georg
und Heinrich Behem. Er bewohnte damals »ein Haus mit
einem garten darneben hinden an die hundsgassen, gehort in
die pfarrkirchen zue Sant Ignatien«. — Melchior starb am
22. August 1618.
Erbe des väterlichen Geschäfts war Kaspar. Johann
scheint später ganz aus demselben ausgetreten zu sein. Im
Jahre 1573 wohnte er im Kronberger Hof, als dessen Hausmeister er noch in der Stadtaufnahme von 1594 genannt wird;
doch ist dabei bemerkt »itzo Schadenn erben«. Eine Behausung
in der Nähe gehörte ihm eigentümlich. Damals scheint Johann
also schon tot gewesen zu sein.
Liborius, offenbar der jüngste Sohn, vielleicht aus zweiter
Ehe, ist nur durch seinen an Johann gerichteten Brief bekannt.
Da derselbe am 23. Januar 1584 geschrieben und am 26. d. M.
in die Hände des Adressaten gelangt ist, kann der Wohnort
des Liborius nicht allzuweit von Mainz gelegen sein und zwar

¹) Schunck, Mainz. Beitr. III, 159.
⁸) Von den sonderbaren Zuständen der Zeit geben manche urkundlichen Bemerkungen Kunde. Im liber benefactorum Sti Stephani zu Mainz
findet sich z. B. folgende Erzählung: »Dominus Jacobus Eschwe Maioris
et huius ecclesiarum vicarius occisus est in aedibus residentiae propriae et
postquam spoliatus in locum secretum proiectus. Actum 3. feria Rogationum
a° 1557«, und von derselben Hand in kleinerer Schrift der Zusatz: »per
dominum Hylarium Beumen S. Victoris Vicarium Diaconum, qui etiam
captus et tanquam latro ad patibulum ductus et super rotam positus feria
6. post Margretae a° 57.« — Vgl. auch Janssen, II, 60 f.

oberhalb Mainz; denn Johann soll sich »heraufflerfichen«.
Vielleicht wohnte Liborius in Worms. Es handelt sich um
einen Prozefs. Soviel läfst sich erraten. Aber mit wem, warum
derselbe geführt wird, darüber lassen sich höchstens vage Ver-
mutungen anstellen. Da von Kaspar mit keinem Worte die
Rede ist, standen vielleicht die Brüder mit diesem in Zwist.
Johann hat »doch sons auch zu dun huben bey den bauren«,
jedenfalls nicht wegen Handels mit Büchern. Er wird einen
Handel mit Getreide oder Wein geführt haben. Eine Notiz,
welche Schaab[1]) angiebt, dafs Johannes Behem und seine
Frau Elisabeth am 6. Januar 1545 das Haus zum Seulöffel[2])
in der Schöffergasse gekauft und darin eine Druckerei errichtet
habe, beruht sicher auf einem Irrtum. Eine Urkunde des In-
halts ist im Stadtarchiv nicht aufzufinden. Im Jahre 1568 und
1594 hat das Haus andere Besitzer. Wahrscheinlich liegt eine
Verwechslung Johann Albins mit Johann Behem und ein
Fehler in der Jahreszahl vor. Es ist vielleicht zu lesen 1595.
Albin soll im Jahre 1604 in diesem Hause dem Mainzer Ge-
schichtschreiber Nikolaus Serarius die hölzernen Typen
Gutenbergs gezeigt haben. Bekanntlich hat aber Gutenberg
von Anfang an bleierne Typen gebraucht. Unter den Buchhändlern, welche bei der Fastenmesse 1570, 18.—25. März,
ihre Privilegien dem Frankfurter Rate vorwiesen, erscheint auch
ein Martin Behem von Mainz — wie Kapp[3]) angiebt —, eine
sonst nicht vorkommende Person, die, wenn der Vorname
nicht auf Verwechslung beruht, mit Franz verwandt sein mufs.
Ist vielleicht M. geschrieben und Melchior zu lesen?

Kaspar war, wie sein Vater, zweimal verheiratet, zuerst
mit einer Nichtmainzerin, dann mit der Witwe des Gold-
schmieds und kurfürstlichen Münzwardeins Heinrich Brehm.
Schaab kannte noch einen Vergleich, welchen Kaspar Behem
am 17. Februar 1579 mit seinem Stiefsohne Heinrich Brehm
abschlofs. Derselbe wird das traurige Schicksal der übrigen
auf dem Stadtgerichtsarchiv dereinst verwahrten Akten geteilt
haben. Bei diesem Vergleiche war der alte Behem zugegen.
Dieser lebte, dem Briefe Distells zufolge, noch im August
1584. Sein Todesjahr ist unbekannt.

Der junge Brehm lernte die Buchdruckerei bei seinem
Stiefvater und heiratete Kaspars Tochter aus erster Ehe. Später
übernahm er die Druckerei, da das väterliche Vermögen in
diese gesteckt war. Schaab giebt hiefür das Jahr 1581 an.

---

[1]) Geschichte von Mainz I, 555.
[2]) In diesem Hause druckte zuerst Jakob Medenbach (c. 1490), dann
Peter Friedberg (c. 1495), 1508—9 Friedrich Heumann.
[3]) Gesch. d. d. Buchh. S. 613.

Doch wird in den Mefskatalogen Kaspar Behem noch bis
1591 genannt; dann heifst es Kaspar Behems Erben. In
der Revision von 1594 ist Kaspar Behems Wittib als Be-
wohnerin des Hauses »Zum Schaden« aufgeführt. Wenn noch
1601 auf Drucken der Namen Kaspar Behems erscheint, so ist
damit die Firma, nicht der zeitige Besitzer bezeichnet. Denn
mittlerweilen hatte der Besitzer wieder gewechselt. Neben
Kaspar Behems Erben ist 1593 Heinrich Brehm und von
1594—97 dieser allein als Drucker genannt. Im Jahre 1598
starb auch er. So kam das Geschäft wieder in andere Hände.
Er hinterliefs einen minderjährigen Sohn und eine Tochter.
Ersterer ist verschollen. Letztere soll einen Frankfurter, Namens
Baronius, geheiratet haben. Vormund der beiden Kinder war
Johann Albin, welcher wohl aus Geschäftsrücksichten Brehms
Witwe, die Tochter Kaspar Behems, ehelichte. Jedenfalls hatte
derselbe schon früher in Verbindung mit Behem und Brehm
gestanden; denn 1593 druckte er bereits mit dem Behemschen
Signet, dem Pelikan, für Gymnicus[1]) in Köln. Es war ein
fleifsiger Mann. Er besafs zwei Buchläden, den einen in Mainz
am Dom im sogenannten Paradies, den anderen in Frankfurt.
Nach dem im Jahre 1606 erfolgten Tode seiner Frau heiratete
er zum zweiten Male. Die zwei Kinder dieser Ehe und die
Mutter erbten die Druckerei im Hause zum Maulbaum. Bei
seinem Tode im Jahre 1620 hinterliefs er ein bedeutendes
Vermögen. Wie ein Leonhard Albin in Mainz mit Johann
verwandt ist, wissen wir nicht.

Gar manches schöne Werk mit dem Zeichen des Pelikan
und der Umschrift »sic his qui diligunt« verliefs noch die Presse
Behems, anfangs mit der Unterschrift »Apud viduam Johannis
Albini«. 1630 druckte Antonius Strohecker zum Maulbaum
die Mainzer Untergerichtsordnung, 1631 die Reformations-
ordnung des Hofgerichts.[2]) Wie das Haus in den Besitz dieses
Mannes gekommen ist, darüber fehlt jede Kunde. Die schwe-
dische Okkupation vernichtete das Geschäft. Das Haus zum
Maulbaum ward zerstört, die Familie Albins war schon verschollen. Die letzte Nachricht über das Geschick der einst
blühenden Druckerei findet sich in der topographischen Auf-
nahme der Stadt vom Jahre 1657. Kurz und bündig heifst es:
»Truckerey, das haus zum Maulbaum, nunmehr ruinirt, vor

---

[1]) S. über diesen Merlo, die Buchhandlungen und Buchdruckereien
zum Einhorn in der Strafse Unter Fettenhennen zu Köln. Ann. des hist.
Ver. f. d. Niederrhein etc. 30. H. 1876. 1 ff.

[2]) Beide waren im Verlag Kaspar Behems erschienen, erstere 1581,
letztere 1582.

diesem die Albinische Truckerey gewesen, ist aigen Friedrich
Steinmetzen und Niklas Heylen«.

Der Untergang des alten Behemschen Geschäftes
ist gleichbedeutend mit dem Untergang des grofsen
Buchhandels von Mainz überhaupt.

Behems Namensvettern.

Von Männern des gleichen Namens, welche vielleicht mit
unserem Drucker verwandt sind, müssen noch folgende erwähnt werden:
1. Herr Sebaldus Behem, canonicus ad gradus zu Mainz
1521.
2. Herr Lorenz Behem, † 1521 Ostern, Vetter des vorigen.
Beide genannt im Tagebuch des Frankfurter Kanonikus W.
Königstein S. 23, her. v. Steitz. Vgl. auch Jo. rer. Mog. u. Arch.
f. Litt. Gesch. XII, 344.
3. Ein Doktor Georg Beham war Kanoniker an der Stefanskirche und Vikar am Dom, er starb nach dem hdschr. Toten-
buche von St. Stefan im Haus »zum Blerrer« 25. April 1561.
4. Johann Heinrich Behem, Kanoniker an St. Stefan, von
Joannis als »Hausensis«, von Hausen, bezeichnet, also schwerlich verwandt. Nach dem Nekrolog von St. Stefan † 6. Febr.
1604.
5. Konrad Behem, »kaiserlicher Notarius und des hl. Stuhls
Sachen zu Maintz geschworener Schreiber 1581« im Hattenheimer Gerichtsbuche. Im Jahre 1568 (visitatio No. 941) bewohnt er das »rote Haus«, eine ehemalige Herberge, welches
1594 an Nikolaus Schönwetter überging. Ob Konrad Behem
oder Konrad Bauer mit dem Vetter Conradus bezeichnet ist,
bleibt unsicher.
6. Schwerlich verwandt war der Gürtler Hans Behem,
der 1542 als Bürgersohn den Eid leistete (s. Ratsprotok.), aber
schon 1568 tot war, und der Schlosser Clofs Behem, welchen
das Ratsprotokoll von 1551 und die Stadtvisitation von 1568
erwähnt. Auch ein Hans Behem kommt 1579 (Ratsprot.) vor.
7. Wegele, Geschichte der Universität Würzburg I, S. 289
u. 321 erwähnt einen Professor Johann Behem 1608—29 in
Würzburg, sowie einen Dekan des Kollegiatstiftes Neumünster
Balthasar Beheim II, S. 27. 110. 129.
8. Im Katalog der Dresdener Bibliothek II, S. 377 ist
aufgeführt die Abschrift eines Druckes: Behem, Matth., de-
scriptio urbis Annaemontanae. Wittenberg. 1556.

9. Auch mit den berühmten Holzschneidern des Namens
B e h a m (Behem) ist keine Verwandtschaft nachzuweisen.
Über diese s. u. a. Nagler, Monogrammisten. I, S. 691.
No. 1565. S. 749. No. 1706. S. 857. No. 1993. III, S. 616.
No. 1511.

10. Dagegen ist vielleicht ein Maler Georg Böhm, wahrscheinlich ein Schüler Lukas Kranachs, mit unserem Behem
verwandt. S. Nagler, Monogr. I, S. 693. No. 1571. II, S. 977.
No. 2753.

11. Was es mit einem wiederholt erwähnten Friedrich
Behem auf sich hat, ist ganz zweifelhaft. In dem Kupferstich-
kabinett der Münchener Kunstakademie befindet sich ein kleiner
Stich, welcher das Brustbild eines Mannes in Profil darstellt.
Derselbe ist nach rechts gewandt, hat dichten, gestutzten Bart,
auf dem Kopf eine Haarhaube. Links im Grunde steht das
Wappen[1]) mit der Jahrzahl 1530, darunter das
Monogramm Hans Sibmachers, des berühmten
Wappenzeichners und Kupferstechers von Nürnberg. Am unteren Rande liest man »Friedrich
Behama, auf einem zweiten Abdruck ist »Herr«
und »Obiit 1533« zugefügt. Während Nagler in
seinem Werke »Die Monogrammisten«[2]) diesen
Stich dem genannten Künstler abspricht, weist Andreas Andresen im »Deutschen Peintre-Graveur«[3]) nach, dafs dieser allerdings den Stich nicht 1530 oder 1533 radierte, — Sibmacher
ist erst nach 1530 geboren — wohl aber später und zwar nach
einem in Holz oder Metall geschnittenen Originalmedaillon.
Nagler bezeichnet nun diesen Friedrich Beham[4]) als Buchdrucker, vermutet in ihm den Vater des Frankfurter Druckers
Sigmund Feyerabend und weist ihm ohne jeglichen Grund das
öfter erwähnte Signet der Concupiscentia mit dem Monogramm
Franz Behems zu. Uns ist von einem Drucker Friedrich Behem
nichts bekannt. Wenn ein solcher aber in Mainz existierte,
dann müfste er c. 1530 seine Druckerei gehabt haben, also nach
Friedrich Heumann[5]) aus Nürnberg und vor Peter Jordan.
Und wenn er mit Franz Behem verwandt gewesen wäre, so
hätte dieser erst Jahrelang nach dem Tode des Vaters dessen

---

1) Nach gefälliger Mitteilung des Herrn Dr. W. Schmidt an der
Akademie in München.
2) Bd. III, 1456. S. 590. Vgl. auch Fr. Brulliot, Dictionnaire des
monogrammes. I. S. 123.
3) II, S. 284.
4) Monogrammisten II, No. 1914. S. 703.
5) Würdtwein, Bibliotheca Moguntina. 142 ff. Schaab, Gesch. der
Buchdr. I, 552 f. III, 423.

Werk wieder aufgenommen. Friedrich Beham scheint wie
Andreas Beham, dessen Wappen Hans Sibmacher 1595[1]) zeichnete, der Nürnberger Künstlerfamilie des Namens anzugehören.
12. In einem Meifsener Steuerverzeichnis von 1481 kommt
ein Kürschner Wenzel Behem, ein Maurer Georg Behem
und ein Steinmetz Behem vor. S. Mitteilungen für Gesch.
der Stadt Meifsen. I, S. 20.

---

[1]) Andresen, deutscher Peintre-graveur. Leipzig. 1872. II. S. 329.

2. Teil.

Briefe und sonstige Dokumente.

(Sämtlich ungedruckt.)

L. **Nikolaus Wolrab¹) an Frans Behem 1546.**

Mein freuntlichen gruss und willigen dinst zuvor. Liber
S. (Schwager) Frantz, ich thue euch zuwissen, in heimlicher weiss das lest nich also bleiben, das ich schwerlich
werde kunnen dise mess hirunder kummen, den ich mit den
Wollensecker werde zu handeln haben, so kan ich auch an
das schwerlich auss dem haus. wj mirs sunst allenthalben
gehet, were mir zu schwer zu schreiben, derhalben ich mich
in nichten wejter versteigen kan, den so hoch ichs erschwingen
kan, das wolt ich ir thetes auch, wil mich ein andere wes
annemen, das ich auch mit melich gehen ader hincken fort
kumme, wj mir der herr ein lhere geben hatt (Qui vbique
est nusquam est), wejter wj es mit den schrifften zu iustiren
zusthet wert euch Gunter guten bericht thun, ir must auch
folgen, wolt ir daussen*) lassen gissen und humpelwerck**)
machen, ist euch nicht zuraten, besorge ir wert matrices und
schrift verderben, wen ich euch das iustiren zeug vnd vnd (!)
gislon bezale vnd das gelt von Jorgen wider neme, am hauss
last euch genugen, den ich noch nicht weis wj ich mich mit
ihm vertragen sol, wir haben seltzame handelung mittenander,
gott helff zu gedeien, wan ich ein hauss kunt bekummen, wj
ir habt, were unvorredt (vielleicht) hinnass zu kummen. nun
des papirs halben, hab nicht grossen lust in Leipsig, so
stet dj handelung auch zu Franckfort an der Ader in
seinen wirden. himit got sampt den Euern in genaden be-
fholen, und grust mir Euer weib den herren vnd all E. gesint

---

*) = extra muros.
**) Schlechtes Zeug.

vnd gut freundt, willeich esse ich fladen mit euch vnd bringe
S. Jorgen mit mir. Datum Suntag letare Im 1545.
E. w. S.

Niclas Wolrab.

Adr. Dem Ersamen vnd vorsichtigen Frantz Bhem Buchdrucker zu Sant Victor meinem freuntlichen liben Swager zu
eygen handen.

Darunter von der Hand Behems: Accepi fasten mess 1545.

Wolrabs
Siegel.

**2. Frau Caspar Wagnerin an Fr. Behem, o. J. (vor 1569)
wahrscheinlich 1553.**

Mein gantz willigen dinst zuvoran. Frintlicher lieber
schwager Frantz, ewr geschundtheit vnd wollging erfur ich
alle zeit hertzlich gern von euch vnd von allen den ewren, vnd
wer mir ein hertzliche freude zu erfaren; wist vns auch, gott
hab lob, noch in zimlicher geschundtheit. Frintlicher lieber
schwager, es ist mir hertzlich leidt ewr bet(r)ukung, wolt gott,
ich sollt noch ein mall pey ir gewest sein, pey ewr lieben
hausfrawen, meiner lieben schwesster, die in gott ver-
schiden ist, der gott genedig vnd barmhertz sey vnd vns allen,
den ich hab vill mit ir zu schicken; frindtlicher lieber
schwager, ich versthehe mich woll zu euch, ir werdt nu das
bessere thun pey ewren kindtern vnd werdt nicht ein stivvatter
sein, lieber schwager, ich hab gehert, es sey euch grosser
schad geschehen ietz im dem krieg, des ich garr serr er-
sthoren*) pyn, wisst auch, es gett vns ietzunder ibel des sterben
halben, wir haben gar nicht zu erbeitten weder von den stun-
dendt noch von den buchfuren vnd haben auch thewre
zeitt gehabt, frindtlicher lieber schwager, ich hette nicht gemeindt,
das der herr vetter gott selliger mein vnd meiner armen
kindter so gemerlich vergessen sollt, weil ich die junge pyn
vnd hatt mir nie nicht geholffen, ich hab im auch nicht be-
schwern wollen, ich hette gemeind, er hette mein vnd meiner
kindter woll bedencken sollen im testament, ich wers ie nott-
dirfftig, ich hett kain gell begert, wen ich nur ein bette vnd
ein wing leinbatt hett gekrigett, ich mich genugen lassen, das
ich auch dorft sagen, das hab ich von meinen lieben vettern,

---

*) aufgeregt.

ich wils es gott haim geben, er wirdt mir auch hellffen, ich
glaub, es wirdt in gener welrt gerewen haben, das er mein vnd
meiner armen kindter so garr vergessen hatt, den er kumdt
mir imer furr, ich sey wo ich woll, damit gott befollen,
mein man lesst euch vnd den Melcher vnd die andern alle
freissig*) (!) grüssen vnd grüsset mir auch von meinettwegen
meinen vetter Melchor vnd alle die euch lieb sein auff das
aller freindtlich vnd fleissig, vnd grussett mir auch gantz fleissig
von meinettwegen meinen lieben vetter Johanes Pawer
von mir ewr willige schwegerin
Caspar Wagnerin.

lieber schwager Frantz sagett den vetter Melchor, mein
man will im auch ein schun buchlein schicken vnd sagett im
auch, mein Casparr ist zu Dresen.**)

**8. Konsept eines Schreibens von Frans Behem an einen
Herrn Johann***) 1559.**

Das Schreiben ist rechts am Rand etwas beschädigt. Die
von uns eingeklammerten Worte sind am linken Rand zugefügt.

Meinen gantz willigen dinst zuvor, Erbar gonstiger lieber
herr Johan, Es hat myr Theowald Spengel antzeichent,
das ym gesaget sey worden, wie das yr ym werck seytt zw
drucken die Gulden Bulla, der halben er mir befolen hat euch
guter meinung zw schreiben vnd anzwtzeichen, das wir von
vnsserm Gnedigsten [Churfursten vnd] hern von Mentz den be-
fehel haben vnd d(urch) den Canzler vnd Secretarien lassen
ansagen [dabey vns die exemplaria correct zwgestalt], das wir
vns gefast sollen machen, vnd drucken die Gulden Bulla #, die
Kammergerichtsordnung, dartzu alle abschiedt in ein oder tzwey
bucher, domit des Reichs verwanthen diesse bucher alle bey ein-
an(der) haben mochten, zw solchem wolde sein Churfurstliche
Gnaden vns verhelfen vnd geben ein privilegium, welches
wir dan haben, vnd sal auch ferne zw wort zw wortten gedruckt werden, domit sich menglich vor schaden zuvorhutten
weyß, da es sein Churfurstlichen Gnaden, als einem Cantzler des
Reichs geburenn wil, solche werck durch ynen zwfurdern etc.
Derhalben gonstiger lieber herr Johan, die weyl yr min gutter
herr vnd freundt seytt, ich auch vor mein person euch vnd den
Ewern vnd mithverwanthen, nicht gesinnet bin schaden zwzw-
fugen, hab ich das euch aus gutter wolmeinung wollen an-
tzeichen, hab mit Theowalden Spengeln so fern gehandelt

---

*) Wenn kein Schreibfehler für »fleifsig«, dann — periculose.
**) Dresden. Die Orthographie läfst auf eine Sächsin schliefsen.
***) Wohl Johann Rasch in Frankfurt a. M.

euch zu guttem, domit yr nicht schaden nemet, was vnd so vil
yr gedruckt habt darynnen, das wollen wir von euch nemen,
vnd betzalen das papir vnd druckerlon, wo es euch aber kein
dinst ist, moget yr es nach ewerm gefallen machen, dan wir
yn warheit mussen vnd werden dorynnen fortfaren, ich solde
vor das (dies Wort sehr undeutlich, wahrscheinlich ungültig)
der messen dorynnen angefangen haben, so hab ich zuvor den
Thobiam*) mussen rausdrucken, der wirt in 14 tagen fertig
werden, alsdan so werde ich furthfaren. Bitte wolt mir das gar
nicht ym argen vffnemen, die sache betrifft mich nicht alleine,
wye yr selbest wol wisset, vnd wan es mich alleine anginge, so
wolde ich mich wol vorgleichen mit euch, vnd bitten von euch
wideranthwort, hie mit gott befolen, geben den 7. May 1559.

Frantz Behem, buchdrucker zu Mentz
Theowald Spengeln
Niclas Geyer.

ich bitte auch yr wolt mir etzliche matricen schicken, die
yr fertig gemacht hat, do mit wir anfangen ym gissen.

**4. Domherr Philippus Arbogastus Lic. zu Merseburg
an Frans Behem 1564.**

Mein steetwilligen dienst vngesparts fleyss zu ieder nach ver-
mögenn zuvor vorsichtiger vnd Ehrnhafftter insonder her vnnd
gutter freundt, wess abermhals ir an mich der scripten halbenn
meines gnedigen fursten vnd hern hochlöblicher gedechttniss
schrifftlich habt gelangen lassen, hab ich ennpfangen vnnd inn-
halts verlesen, vnnd magk ich in antwurtt darauff euch nicht
verhaltten, das ich die zeitt hero meinem letsten schreiben nach
an euch, an meynem fleiss nichts hab erwinden lassen, vnnd
hatt bisshero an meynem sollicitiren nichts gemangelt, vnnd
hette wol mich gentzlich versehen Ich hette in ettwas auss-
richten kunden, so hats doch ie vnd alwegen an den newen an-
getrettenen dienern gemangelt, dan man einen andern Cammermeister newlicher weyl in beurlaubung des alten zu diessem
vnd anderem dinge geordnett, bey welchem dan alle dinge vfs
neuest widerumb in der silberkammer, allein in beysein der hern
hoffrhätte, inventirt vnnd dem newen Cammermeister vbergeben
vnd vberantwurtt welches Cammermeisters ich dan ietzo kurtz-
lich keine kundtschafft gehaptt. Nachdem ich dan nunmher mit
im in kundtschafft vnd freundtschafft khommen, hab ich nicht
vnderlassen, mitt im von diesser matery zu reden vnd inen
gebetten mir doch vertraulicher weyss meines gnedigen hern
verlassen scripta mitt zu theylen, die weil er aber mir zur

---

*) Das Buch Thobie von Hoffmeister erkl., s. Drucke v. 1559.

antwurtt geben Es sey im solchs von sich zu geben vom Chur-
fürstenn zu Sachssen zu gar hartt eingepunden vnd verpotten,
hab ichs derhalben ferner zu erinnern mich enthalten mussen,
Ich versehe mich aber, weyll dieser wegk mit dem Cammermeister nicht anghett, es werde sich die freundtschafft, so noch
alhier, neben vnss Testamentarien, einer maass mitt dem Chur-
fursten zu Sachssen in kurtz vergleichen, da dan solches (wie
ich dan selbst darzu rathen will) beschehen wirdt, wirdtt nicht
allein diesse matery, sonder ander dinge mher volgenn, werdet
ir derohalben noch zur zeitt in gutter gedult mussen sthenn,
Ich vor mein person vnd meine mittgeordnetten wollen euch
solche ding von hertzen gar gern gunnen, weyl es dan, wie angezeigt, diesse meynung hatt, werde ich, vngezweiffeltt bey euch
in desto wenigerem verdencken steckenn, welches ich euch als
meinem gunstigen hern vnnd freundt hinwider zur antwurtt nicht
hab verhaltten sollen, und bin euch zu dienen ganz willigk.
    dat. in eyl. Merseburgk den 18. Martij Aº 1564.
        E. diener
                    Philippus Arbogastus Lice.:
                    Dhomher daselbs.
    Adr.: Dem wolweysen, vorsichtigen, vnnd Ehrngeachtten
hern Francisco Behem burgern vnd buchdruckern zue Meyntz,
meynem insondern gunstigen hernn vnnd gutten Freunde.
                                        Meyntz.
    Von der Hand Behems: accepi den 1. Aprilis 1564.
                    betreffent die Bucher Mersenburgenses.
    Auf der Seite: dem achtbarn vnd hochgelart hern Philippo
                    Arbogast Licentiaten vnd Dhombhern zu
                    Mersenburgk meinen gonstigen hern.
    Scripsi von buchern den 28. Januarij 1570.
    ym geschickt ein postil Mersenburg.
    begert noch 2 herzogk Jorgen bettebuchlin.

    5. Sigmund Feyerabend an Frans Behem 1566.

    Laus deo adij 30. Junij in Franckford 1566.
    Ginstiger liber her Franz ir sold wissen, das ich nechten
zu nacht hab ain schreibung von euch empfangen vnd darinn
fer noßen wij ir sold bericht sein worden wij ich willens seij ain
auszug des izigen vergangen Reisdags zu Augspurg zu drucken
firhabens seij. das befrembd mich worlich mecht auch woll dein
Erlossen man wissen der mich vnd euch so gern vnwillig gegen
ainander wold machen ich glaub eis sein leitt dij wirds ferdrissenn
das mir (!) so woll ains mitt ainander sein.

so sold ir mir worlich ferdrauen das ich kain word drum
wais go noch nitt im sinn gehabd das seij gott mein zeig eij
ich wold wider euch oder deij euern don ich wold eij wider
meine fattern don das glaubd mir so wor gott im himell ist.
das ist wor das mir willens sein dij mins ordnung mitt
dein dallern wij sij hine vnd wider sein gedruckt worden
das geitt euch nun nicht ain dan ich wais das irs nij gedruckt
habd vnd fan leicht nitt willens seitt zu drucken also ginstiger
liber her Franz so habd ir mein maining vnd befell mich gegen
euch vnd dij euerige als euern gutt freind vnd giner grist mir
euer libe hausfraw vnd alle dij euerige geschriben in eil (u)t supra.
E. w.

Sigmundt Feijerabenndt.

Adr. Dem erngeachden vnd firnemen hern Franz behem
hausmainster zu Menz meinem ginstigen vnd liben hernn zu
aigen handen

zu erfragen im Kronburgerhoff.

Meintz.

Von Behems Hand der Vermerk: accepi den 30. Juny
davon 4 ♃ geben der frawen.

6. Phillippus Arbogast an Frans Behem 1568.

Mein freundtwilligen dienst und gruss mitt wunschunge alles
gutten zuvor. Erbar vnd wolgeachter in sonder her vnnd freundt.
Ich magk gutter wolmeinunge euch nicht verhalten, das ich in
erfarung komm, wie m. g. h. seligen des Bischoffs zu Merseburgk Michaelis seligen bucher, so ich euch vor der zeit zugeschickt, in truck nummher verfertigett sollen sein. Nach dem
dan ihr (wie ich nicht zweiffell) nicht wenigen gewinst aus
erwenten operibus haben mocht vnnd mir iha zugesagt ettliche
exemplaria darnach zu vberschicken, welches dan biss anhero
also verplieben, Als gelanget an euch derowegen s[o] mein
freundlich bitt, euch dero zusage zu erinnern vnd vff nechst-
kunfftige Franckfurtter mess mit einem Leiptzischen buchfurer
mir ettliche exemplar ohne wegerunge zu zuschicken vnnd danck-
barlich euch in dem kegen mir zu bezeigen. Zudem hatt mir
vnlangst Theodosius Heldinge m. g. h. son geschrieben,
das er gleichfalls init vbergebunge etzlicher exemplar von euch
vertrostunge bekommen, sey aber auch nichts ervolgett, dieweil
das ich mich wol zu bescheiden weiss, wie fleissig derohalben
Theodosius bey mir sollicitirt vnd euch zum ersten ange-
haltten, will ich mir kein zweiffell machen, ihr werdet als dem
freundt ihm mit etzlichen exemplarien behulfflich sein oder euch
iha in vergleichunge mit im einlassen vnd in gleichem gegen

im euch guts dancks wissen zuverhaltten, wess ich nochmhals
vor scripta hochermelts m. g. hern seligen gfunden habe vnd
die bey mir in meiner verwarunge, wird euch der her Doctor
Philips Agricola, welchem ichs zugeschrieben vnd nham-
haffligk gemacht, wol berichtten vnd da ihr mir mit etzlichen
buchern, so ich begere, als des Perionij vnd andern Catholischen behulfflich sein kunt, wolte ich mich kegen euch mit
den andern scriptis davon ietzt meldunge gescheh, auch zuvor
haltten wissen vnnd binn euch zu dienen ieder zeit nach vermögen gantz willigk. Datum Merseburgk am heilgen Fron-
leichnamsstage Ao 68. (17. Juni)
E. w.
Philippus Arbogastus Licentiatus
Dhomher daselbs.
Adr.: Dem Erbarn Nhamhafften vnd Erngeachtten hern
Frantz Behemen buchtruckern zu Meintz etc. meinem insondern
gunstigen hern vnnd gutten freunde.
Franz B. bemerkt: L. Philips Arbogast
accepi den 18. Julij 1568.

7. Emmerich Wacker an Meleblor Behem 1568.

(Brief kaum lesbar.)

Ehrwürdiger wolgelarter her pfarher v......
meine ganz willig dinst zuuor. Nachdem ich mich mit der
tugentsamen frauen Anna hinde (?) Ihengerin (?) ehelichen
vertrauet, vnd mit ir endschlossen das wir nach gotlicher ver-
lihung (?) vnseru eheren tag vnd cristlichen kirchgang vff negst-
komenden montag vnd dinstag nach Margarete, das ist den 19.
vnd 20. tag des haue monats zu volnzihen willens, darzu wir
den vnsere guthe freunde gern haben wollen, vnd ist dem nach
an E. eher. vnd libe hausfra(w)en, vnser freuntliches bitten, ir
wollet vf erwente zeit den montag zeitlich bey vns erscheinen,
vnd sollichen vnsern ehrentag vnd christlichen kirchgang, mit
anruffung gotliches segens helffen zieren vnd leisten, vnd was
also dan damals vnser liber herr got bescheren wirt, neben
andern .... vnd freunden genissen vnd in fr.... helffen vol-
enden. das wollen wir .... zu euch vertrosten (?), so seint wir
es euch nach hochsten vermogen zu verdinen schuldig vnd ganz
willig. Dat. Sontags nach Trinitatis im 1568ten iar.
E. Eher
w.   Emerich Wacker sampt seiner ver-
traueten zu Eysennach.
Adr.: Dem Eherwirdigen wolgelarten herrn Mellicher Bymen
pfarhern zu Geiseimm meinem freuntlichen vnd liben vettern zu
handen.

8. Arnold Birkmann an Franz Behem 1570.

Mein willigenn dienst zu bevor. Achtparer gunstiger her Frantz, euwere gesontheitt verneme ich alletzeitt gerne, es ist mitt mir (gott lob) noch tzemlich. Der her erhaltte es lang mitt lieb. Ich hatt euwerem son Johanni befollen, er sollt mir deñ cathalogum meiner corsbeisch*) buchereñ schicken, vnnd iedes etlich exemplar, bys zu einem balleñ zu, so vermircke ich das solichs nihrt gescheheñ, sonder in verges gestaltt ist, muß derhalben gedultt habeuñ bys in die meß, so ich es doch noch vor der zeitt bekommen michte wehre mir gar lieb, iedoch ohn nott derhalbeuñ gen Franckfurt zu reiseñn. Wollett Casparn ermanen das er eingedenck sei mir die regnong zu schickeñ der bucher, so er dem Wyller von Franckfort gesantt hatt us der kleinen company in dem vergangnen wyntter, wie er mir auch hette verheisseñ, vnd (denck ich) auch in vergeß gestaltt. Ich hoff ir werdett die postil des Buchingers gen die mess verttig habeuñ. Es hatt mir mein swager der Licentiatt Gerwinus bewilligett die teutsche postil Wicelij vor vns zu behaltten vnd zu drucken, die weil er mitt anderñ bucher genuch zu schaffenn. Gedenck der wegen wyr legenn die vff gegenn den kunffdig wynter samptt der Genesi Flaminij zu 600 oder 700 exemplar zum hoegsten,**) wyrtt ein gutte arbeitt vor vns sein (wils Gott). davon weitter zu seiner zeitt, wenn vns Gott lieb zusamen fuegett. Denn abscheitt (hoff ich) werdet ir jo bekomen vnd mitt dem priwilegio alles verseheñ wie ich euch antzeigong geben hab, Hie mit Got bevolen, vnd ermanet Casparn das er mir der regnong mitt Willer nytt vergesse. Grutzzet mir D. Acker sehr. Dat. Colñ eilents am 2ten Augusti 1570.

E. w. Arnoltt Birckmañ.

Adr.: Dem achtparñ weisen Frantz Behem hausmeister, meinem gunstigen herñ vnd freunt zu Meñtz im kauffhauß.

Behem: Recepi den 7. Augusti 1570.

9. Philipp Arbogast an Franz Behem 1570.

Mein gantz freundtwilligen dienst mit wunschunge alles gutten zuvor. Erbar vnnd Erngeachtter insonder gunstiger her vnd gutter freundt, meiner zusagen vnd Euren begern nach wolte ich euch diesse mess noch andere predigten Bischoff Michaels hochlöblicher milder vnd seeliger gedechtniss mit gegenwertigem Jacob Apeln vberschickt haben, will aber euch nicht verhelln,

---

*) kursfähig.
**) Man beachte die geringe Auflage!

— 40 —

das ich mittler weil an meinem möglichen menschlichen fleiss nichts erwinden habe lassen, damit ich meiner zusage gnugk thete vnnd an hem Erhardten Schutzen predigern zu Straubingen (welchen ich euch in vorigem meinem schreiben vermeldet) geschriben, vff welches mein schreiben er mir geantwurttet, das er wol die inherer theil zu einer gantzen postill hochgemelts meines gnedigen hern seliger eigne handtschrifft beysamen habe vnd solche collectur ghen Munchen geschickt die zu vbersehen vnnd ihm biss anhero nicht widerumb geantwurt worden, er wille aber verhoffen in kurtz das solche im zun henden widerumb khommen werde, will er alsdan kegen mir sich zu verhalten wissen, sonderlich aber sthet er ettlicher predigt, wie er bericht, manglunge als des gantzen Advents, Circumcisionis et Epiphaniae domini, des 2. 3. 4. sontagks nach Epiphaniae dni., des sontags Cantate, Vocem iucunditatis, Exaudi, vnnd vff iedenn sontagk von Trinitatis hatt er nur ieden sontagk predigkt gantz kurtz, so sey de Sanctis nicht viel da, ist im wergk nochmals fleissige nachforschunge zu thun, ob ers allerdinge zusamen bringen könte vnnd gantz machen, vnnd des hern seeliger loquendi phrasis (seinem anzeig nach) vnverfelscht bliebe, dartzu er dan meiner so wol ich seiner bedurfftigk, vnd da er mir dan seinen gutten antheil erwenter predigten, wie ich dan gentzlich verhoff, zuschicken wirdt, soll eurer vornhemlich vmb vnserer kundtschafft willen, zum furderlichsten gedacht werden, vnd euch dern allen theilhafftigk machen, damit aber ihr meine trewe spurn möchte, vberschicke ich euch ein Carmen wie zu sehen, so Bischoff Michel seeliger selber geschrieben vnd fingirt, mit bitt solche Carmen iha nicht dahinden zu lassen, sondern vffs furderlichst zu edirn ins wergk setzen, auch dem hern Doctori Philippo Agricolae darneben anzeigen, ehr wolle (wie er dan wol thun kan) vornher ein feine »praefation« setzen, vnnd mich in allem gutten honorifice in gutter beförderunge benhämen. Ich hab ein gutt theil auch des hern Episteln, so er an hern geschrieben, welche da sie alle colligir euch auch sollen zugeschickt werden vnd, da sichs leiden wolt, in truck verfertiget werden, ihr werdt auch halt meiner vorgebetenen catholischen bucher noch in gedencke sein mir dieselbige zu vbersenden, vnd so etwas newess catholisch vorhanden gleichfals mir vberschicken, auch dem hern Doctori Phil. Agricolae mein dienst vermelden, dem ich ia gern geschrieben, hab aber eilents verreissen mussen. Datum Merseburgk den 27. Augusti A⁰ 70

Philippus Arbogastus Licent.
Senior daselbst.

Adr.: Dem Erbarn vnd Erngeachten hern Franz Behem
buchdruckkern vnd haussmeyster im kauffhauss zu Meintz etc.
meinem insondern grossgunstigen hern.

Abwesendes seinem son Casper Behem zu Franckfurtt zu
erbrechenn. Philippus Arbogastus Licentiatus Merseburg.

10. Sigmund Feyerabend an Kaspar Behem.

Laus deo adj. 11. Julij in Franckfortt 71 (? die Zahl unsicher).

Ginstiger gutter freindt Kasper, nochdem mir euer bruder
Johanes hott gelossen 5 fl. 5 batz. vnd ir mir mit ainem
Reitter habd darauff geschickt das eis zusamen macht 7 fl 7 batz
2 † dij hab ich dem bapire*) zu bomes zu gesteld do mitt ir
doch das bapir mecht bekomen, welches mir erst disse stundt
ist gelifferlt worden das wist [ir] sondem marckschiffer zu enn-
pfangenn, vnd was eis kost vnd was gattung ain ides ist wertt
ir in dissem beyligend zetteler sernemen do mitt was ich euch
dine kain, bin ich gantz willich, do mitt was euch lib ist.

Hy mitt wist auch ain Regulus hirin zu ennpfangen noch
lautt euers bruders befelch, vnd was dein defeckt belangt, ist
nitt miglich zu komblirn, dan des selbigen alden drucks kains
mer sor handen ist darnoch wist euch zu richden.

E. w. Sigmundt Feijerabend.
Adr.: (Meinem) gutten freindt Kasper Behem buchdrucker
zu Menz zu eigen handen.

11. Abraham Haussman zu Oppenheim an Franz Behem 1571.

Mein freunntlich dienst vnndt alles guets zuvor. Erbarer
gunnstiger lieber herr schwager, euer schreibenn hab ich
entpfanngenn, vnndt dessenn innhalt vernohmmen, soviel dann
Hartmann vnndt sein studium anlanngt, lasse ich mir inn alle-
wegenn euer meinung hierinnen wolgefallen, zweiffelt mir auch
nit schwager Cristmann, werde derhalbenn gar wol zufriedenn
seinn, vnndt ob es schonn ein viertel iars, mehr als einenn
guldenn costenn möchte, bitt freunndtlich in diesem euerm ver-
stanndt nach die sachenn anzustellenn, dan ich deren dinng
nit bericht.

Ich hab euch nähermals hoipffenn halbenn, mit herr Daniel
Dechent dovon zuredenn geschriebenn, ob er dessenn be-
dörfftig, was sein meinung, bitt ich mich wiederumb zu be-
richtenn, haben zu verhaltenn.

---

*) Dem Papierfabrikanten zu Bonames (S. 15). Es heisst sonst »Papierer«.

Was ir meinetwegen flachs vnndt anders halben ausgebent, wollennt uffzeichnnen, will ich mich vnser zusamenkunnfft, derhalbenn mit euch guttlich vergleichenn, wunnschen damit euch alle sampt viel glueckseliger wolfarth vnndt gutter zeit, hab auch hertzlich gern sampt allen den meinen vernohmmen, das es vmb euch luffts halbenn noch wol stehe.

Mann macht bei vns gross geschrei, welchs ich doch aus (ewr)em schreibenn nit verstehenn kann, got sei lob, der verleihe noch lanng nach seinem gottlichenn willen gesundtheit vnndt alle wolfarth, Amen. Datum Oppennheim, den 10. Decembris Anno 1571.

E. w. S.

Abraham Haussman (Cron)berger
keller zue O(ppen)nheim. (Manu propria).

Adr.: Dem Ernnhafftem vnnd vornehmen hern Franz Behaimenn, haussmeistern im kaufhaus zu Meintz meinem freundtlichenn, liebenn schwager zue hannden.

19. Abraham Haussman an Johann Behem 1573.

Meinn freunndtlich dienst vnndt alles guets zuuor, lieber schwager Johannes, euer schreibenn hab ich entpfanngen vndt verlesenn, soviel dann Caspars begernn komns halbenn belanngen thuet, mag ich euch nit bergenn, das ich alles meiner Junnckern korn, hie vnndt anderswo do solches gelegenn in verschienner wochen verkaufft hab, also das nit ein firnntzell voll vberig bliebenn, ausgenohmen was zur hausshaltunng vonnöthen ist, welchs doch we(ni)g, auch die ernddt schwerlich werdt erreichen mögen, da ich es aber vor der zeit gewüst, hatte ich iem helffen können, hab das kornn das malter vor iii fl i ort hiengebenn.

Das ich euch zur wieder anntwort nit verhalten wollenn, mitt bit ir wollennt dem vatter, muetter vnndt allen gelieptenn viel guets sagenn. Datum Oppenheim in eil Sambstags den 23 may anno 1573

E. w. S.

Abraham Haussman. (Manu propria).

Das kornn hat hie in dieser wochen dermassen vffgeschlagen, das ietzunder das malter iiii fl batzen gielt, vndt das malter habern ii taler, ist schrecklich zu hören, gott wolle es bessern.

Adr.: Meinem freundtlichen lieben schwager Johannes Behaimenn zu handenn.

Meintz im Cronberger hauss bei S. Ignatij.

13. Margareta von Cronberg an Frans Behem 1574.

Lieber Frantz Bhem ir lost mich nhur langsam wyssen,
wie es bei Euch zu Mentz sthet vnd wie es Hanss Jorg ghet,
ob ir nyt vermejdt das ich jnen solt hollen lossen ader was
euch doch vor radttsam ansicht, ich hoff teglich der Joncker
solt komen so vernjm ich von jrer wydderkunfft noch zer zeit
nichts, wullet mir doch im marckschjff schrejben wie es bej
Euch sthet ich sorg worlich in dysser grossen hytz werdts nyt
noch lossen der almech . . guttig gott wulls genediglich versehen vnd es wenden bej euch vnd an allen ortten menniglich
vor solichem onkraud behudden vnd beworen amen.

Domyt Euch Euwer hausfrauw vnd alle die so Euch lip t (!)
sijn in gottes schutz vnd schjrm treulich befollen. Datum in
ejl Myttwoch noch petter vnd paully a⁰ 74
Margreta von Cronbergk
geborn Brendelin.

Ich hoff Hanss Jorg vnd sein preceptter werden ir kleider
vnd bucher doch alle bej in haben wan jr radt so wil s(ie)
hollen lossen.

Adr.: Meinem insundern gutten frundt Frantz Bhemen won-
hafftig zu Mentz im Cronberger hoff zu handen.
Behem bemerkt: Recepi den 1. Julij 1574.

14. Daniel Koch an Kaspar Behem 1574.
(Durch Wurmlöcher arg beschädigt.)

Mein freundtliche vndt bereitwillige dinst eusersts vermögen
euch zu erzeigen ieder zeit bevor, Insonders gönstiger herr vndt
gut freundt, mit betrübnus (erkenn Gott) sol(l) (i)ch (ei)ch
(a)uß guter wolmeynung nicht vorenthal(ten), das, demnach
wir, ich vndt mein herrseli(g) (k)urtzverruckter zeit bey euch
zu Meintz gewesen, vndt gehn Simmern vff ein tagsatzung (im)
namen vndt von wegen meines gnedigen f(ur)sten vndt hern
Marggrav Caroln zu Baden abgereyset, vndt kommen, er
als baldt vndt ehe derselben Commission vndt vertrags handt-
lung würckliche volnstreckung beschehen, in ein schedtlich con-
tinuam et acutissimam febrim gefallen vndt ein tag oder vierzehen
daran hefftig schwach gelegen, biss endtlich durch schickung
des Almechtigen diselbig schwacheit seiner wittib vnd hinder-
lassenen minderiärigen kindtlein sampt vilen andern gu(t)hertz-
igen frommen leuthen zu einem leidigen, seiner seelen heil vndt
seeligkeit aber glücklichen ausgang gerathen, dan er vnser herr-
selig Sambstag post conversionis Pauli verschienen, welcher gewesen der 30. Januarij dises ietztlauffenden 74 iahrs der weniger
zal zu Simmern mit todt verfharen. Weil mir dan wol

— 44 —

bewust, das euch vndt vns sölches teuern herrns absterben kein
nutzen noch frommen, sondern vil mehr schaden vndt nachtheil
zufüege, vnd bringe, als hab ich vergut angesehen, euch der ihr
gleiche bekümmernus darob vndt mit vns haben werdet, sölchs
zum fürderligsten zu erkennen zugeben, darnach ihr euch fur-
bass ahn habet zurichten. Die Cammergerichts ordtnung
anlangendt, ist der mangel allein an einem visitations abschiedt
der noch einzutheilen ist, vndt an der praefation vndt vor-
redt, sölches alles zu ergentzigen, vndt volnkommen zu machen,
wöllen wir möglichen vleiss deshalben nicht sparen, sondern
ufs furderligst immer möglich erörtern lassen, hab heut des tags
ein eigen botten nach Franckfurt, den noch aufsteenden visitation abschiedt zu holen, abgefertigt, so wir den abschiedt
werden überkommen, wöllen wir an vnserm vleiss nichts erwinden lassen, ist mir leidt, das ihr sollet ferner derhalben vf-
gehalten werden, ist aber die schuldt in d . . . . t niht
meines hernseligen, sondern wie ihr wist des hern Cantzlers
zu Speier, dem er zum öfftermal vmb denselben abschiedt zugeschrieben, aber niemals k(ein) wiederantwort geschweig den
abschiedt (g)eschicket, wer sonsten vorlangs volkommentlich
ausgemacht. Hiemit Got in sein gnadenreichen schutz vnd
schirm trewlich vndt langwerendt, vndt mich in ewer freundtschafft empfelendt, datum Wormbs den 6ten Februarij Aº 74.
E.
    freuntwilliger
        Daniel Koch. G. (Manu propria).
  Grüst in meinem namen Magister Johan Stechman zum
dienstlichsten.
  Adr.: Dem Ehrnachtbarn Vornemen Caspar Behm Truckhern
zu Meintz, meinem vertrauten lieben herrn vndt guten freundt.
                  Meintz.
  Von der Hand Behems: Recepi den 10. Februarij 1574.

15. Christof Faber an Franz Behem 15.5 (wohl 1575).

Mein freundtlich gruß zuvor.
Gunstiger guter freundt. hieneben habt ir ewer Postill,
welche ir mir so lang zu lesen geliehen, welcheß mir vmb euch
wildderumb zuverdienen stehet bei zeiger dis zuentpfahen. Datum
Aschaffenburg am 3. Apriliß Anno .5
              Christoff Faber
                 D.
  Adr.: Dem ersamen vnd fursichtigenn Frantzen Behem
Burgern vnnd Buchtruckern zu Meintz meinem guten freundt.
                  Meintz.

16. Melchior Weißenberger an Frans und Kaspar Behem 1575.
(Sehr schlechte Schrift).

Mein freundwillig dienst zuvor. Ernhafftt wolachtbar gunstiger her vnd freundt, dweil sich yetzt die gelegenheitt zugetragen das meyner hern alhie zu Geilnhausen statbott onedas durch Meintz verreisen sollen, hab ich nichtt vnderlassen wollen, euch meyner hie bevor vberschickten lateinischen tabularum halben vber die keys. Cammergerichtsordnung zuerinnern, ob ir etwa in mittels aus der Churf. Meintzischen m. gst. Churf. vnd hern cantzlei ein endliche resolution wie es mit deroselben truck in ein oder andern wes gehalten werden soll, erlangt vnd bekomen, mich deßen in der widerkher des bottens schrifftlichen zu berichten, vnd demnach ich vor wenigen tagen aus onwißenschafft das die Churf. Cantzlei des orts verruckt, einen besondern botten von hin dan gehn Aschaffenburg zu dem hern Cantzlern abgefertiget, vnd mir, von wegen seyner herlickeytt abwesens des orts, der brieff wider zu haus komen hab ich denselben hie bei nein (?) leitt (?) euch (?) auch vberschicken wollen, mit bu(che)r wollet denselben hochermelten hern Cantzlern meynem großgunstigen hern meyntwegen mit geburlicher kenndnus presentiren vnd mich der widerantwort, wie es hiemit geschaffen gunstiglichen berichten, da es auch von mir, wolt ich selbs mich zu euch hinab verfugen. hiemit got allezeit befolhen. Datum Gelhausen montags nach trinitatis a⁰ 75

E. w. Melchior Weissenberger
Licentiatus.

Adr.: Dem Ernhafften vnd wolachtbarn hern Francisco vnd Chasparo Behm buchtruckern zu Meintz, meynen gunstigen hern vnd gutten freunden.

Meintz.

17. Christman Beck an Frans Behem 1575.

Ernhaffter insonder gunstiger herr schwer. Ihr haptt von disem schiffman Friderich Schmitzen ein packfesslein zw empfangen, darinnen etlichen zewck*) isth dass wollent bie euch behalten biss dass junckher Hartmudt vonn Cronberg der Mitler heraber zw euch komen wurth. alsdann wil ich euch mith ime alle sachen zw schicken, wie es vmb vnss gehe, himit gott dem almechtigen bevollen. Datum den ersten Septembris A⁰ 75.

———————

*) Zeug.

Versehe mich es wertl der junckher vmb den zwkunfftigen dinstags bie euch zw Menz sein.

Christman Beck.

Adr.: Dem ernhafften furnemen hern Frantz Behem haussmeister zw Mentz im kawffhauss, meinen lieben schwer zw handenn.

Mentz inss kawffhauss.

Franz vermerkt: Recepi den 9 Septembris darbey ein fesselein gehoret juncker Harthmudt von Cronbergk zw dem Mittlern ı ɳg dem kercher rein zu furen.

18. Christof Faber an Kaspar Behem 1579.

Sal.: Ernhaffter gunstiger freundt, Es ist mein begeren wöllet meiner hausfrauen ein buch papier in quarto eingebunden, vnd in der größe wie daß vorig so ir meiner hausfrauen (»auch« wieder ausgestrichen) verehrt darin sie allerhant einzuschreiben auffs chisl zuschicken daß vmb hinwider bin ich zu erwiddern erbittig dem herrn bevollen. Datum Aschaffenburg den 2 Sep-tembris Anno 79

Christoff Faber.

Do:

Adr.: Dem ersamen Caspar Behem burger vnd buchtrucker zu Meintz meinem guten freunndt.

Meintz.

Vermerk Behems: Recepi den 5. Octobris Ano 79.

19. Frans Behem an Lic. Melchior Welfsenberger, Syndicus su Gelnhausen. Concept. o. J.

Achtbar hochgelarther herr Licentiat, ich habe vnßerem hern Cantzler ewer XI (?) tabulas vbergeben, der sie besichtiget hath, sagtt das grosse arbeit dorynne gethan sey, aber sein rodt were das man das exemplar in die keiserliche Cantzley vberschicket, zu besichtigen, was vns dan vor ein anthwort geben wirt, ist vff solche an alle gefahr do mit furth zu farö ohne das, wo es vns nicht zwgelassen wurde, in schaden koin(en), dan vnsser G. Churf. vndternymet sich das nichl, ohne zuvor bewust keyserlichen Cantzley.

Es sagt auch der herr Cantzler das in den visitationsabschieden, vnd aus den andern abschieden, ethlich ausgelossen vnd enderung einvermischet, vnd rathsam sey in die kays.: Cantzley zu vber schicken † wo dan mengel befunden, (»wurdens« ausgestrichen) anzeichen, [Raum für 3 Zeilen frei, am Rand die folgenden Worte bis »gutt«] vnd die verordente perſlonen darzu brauchen zw vbersehen, vnd in ordnung richtige (?)

stellen, alsdan (m)öchte es ein gutt werck sein, vnd bestant
haben, wo es aber alßo gedruckt solte werden, zu besorgen
nicht viel danck zu erlangen, auch wurdes nicht zugelassen zw
drucken noch feil zu haben ym reich,
vnßer G. Churfurst als oberster Cantzler des reichs, kan
nicht bewilligen noch zulassen zu drucken, an vorwissen der
kayserlichen Cantzley zu besichtigen,
wo dan E. A. gesinnet sey, vnd mit Ewerm willen solch
exemplar in die kay: Cantzley zw vber schicken, wollet vns
das zw schreiben, ßo wollen wir solches gewiß do hin versch . .
vnd ßo balt vns wider anthwort kompt, E. A. zw schreiben vnd
wissen lossen.

Man sagt das zu Franckfurt ein furstentag sein werde, ßo
wurde die kay: Cantzley auch dohinkomen, als dan wolden
wir selbest munthlich das vorrichten, es ist aber noch nicht
gewis da von zu sagen.

Darunter:
Dem Achtbarn vnd hochgelarthen hern Melchiori Weissenberger der Rechten Licentiaten vnd Sindicus zu Gelnhaußen,
meinem insonders gunstigen hern.
Die Züge sind mit zitternder Hand geschrieben.

20. Liborius Behem an seinen Bruder Johannes B. 1584.

Mein gantz willigen dinst mit fermechung alles gutz. Liber
bruder Johannes ich las dich wissen das ich hab enpfangen
den 23. Januarij die copey von dem schult schreiben aldo wirst
du sen was er fir hat dar mit vnd den 1 februarij wirt das ander
mit im gehalden werden, derhalben wellest dich geschick machen
vnd dich herauff fer fichen die weil du doch sons auch zu dun
hast huben beij den bauren, du wellest mir auch schreiben ob
her Melcher wirt herauff zigen oder nit, hie mit du ich euch
dem liben gott befellen vnd wins euch allen sampt fil gutter
nach von vnsert wechen
geben den 23 Januarij 84
Liborius Behem
d. w. d. vnd bruder
Adr.: Dem Ersamen Johannes Behem burger zu Mentz
meinem liben bruder zu handenn.
Johann B. vermerkt: Recepi den 26. Januarij ano 84 vesperi
hora 4½ Mentz.

21. Konrad Distel an Kaspar Behem 1584
(die 4 jetzt nur bei Anfeuchtung noch lesbar).

Alles gutz sampt freundtlichem gruss. Lieber herr Caspar,
so es euch wol geht, ist mir lieb, ich fure an der haut vnnd

im seckel einen hartten orden. gott wolle es gnediglich vnnd
bald enden. Lieber herr wollendt diesen hie zugelegten brieff
an meinen capelan gen Wurmbs so baldt ir kunden schicken
damitt er fur dem 30 disses monets doben seie, so ir ettwan
ein drinkgelt dafur vsgeben, so ich hinauff kom, will ichs wider
erstatten, ich achte Paul werde es mittler zeitt wol ausrichten
kunden damit gott befolen. Datum Embs A° 84 den 14 August.
M. Conradus Distell zu Embs im bad.

Wollendt ewern herrn vatter anzeigen meinen gruoss
vnnd darzwischen ansagen dass in dem werck der Postillen ich
nach meinem geringen verstand ein formular auff ein predig
stellen welle es ist mhusam vnnd eine gross arbeit, furnemlich
einem also hochgelerten man ein andere ordnung geben wollen.
Dieweil aber hie, wie ich von dem hern vatter vernomen hab,
der iugent gedient soll werden, mochte der geringer gegen den
grössern sich enschuldigen. Dess Craendonchi process (bona
venia) ist nitt leuffig, es bedunckt mich gestolen sein. Darumb
solte Dr. (?) Craendonchio welcher mir vnbekant dem guotten
hauptherren nitt also vervntrewt haben. Hec tibi dicta.

Vale amice.

Adr.: Dem Ernhafften vnnd furnemen herrn Caspar Behem,
Burgern vnnd Buchtruckern zu Mentz meinem geliebten freundtlichen herrn.

Mentz.

22. Speisezettel 1563 von Franz B. geschrieben:

Uff Sontag zw nacht wan sie von Bingen homen den
4. July 1563. zu obents.
  Salat mit eyer, schincken
  Kalpfleisch
  Essen fisch
  Gebrottens darbey rettich
  Kes, kirschen.

Mötag zu Mittag
  Hunner vnd Rintfleisch
  Essen fisch
  Ruben mit hemelfleisch
  Fladen
  Gebrottens mit schutten
  Krebs
  Kes
  Ramkes, kirschen, kuchen.

Montag obents 4 awrë

Vorgebrottens, mit 2 schusseln kirschen sup
Grundel
3 Hannen in ein schussel sie sein gedempff, oder gehel
pffefer. ßo es kompt wilpret
Gebackens
Gebrottens mit 2 schusseln schuten
Krebes
Kes, kuchen, kirschen.

Dinstag zu 9 awren das essen fertig.

Hunner vnd Rintfleisch
Ruben, weys oder gehel, mit hammelfleisch
Fisch die fuerellen
Gebrottens
Krebes
Kes, kirschen, kuchen.

Auf der anderen Seite Verzeichnis der Gäste:

Viczthumb

Dis ist myr geschanckt
wurden, den 3 Julij   sontag
Baltasar des Junckern   obents
Harthmud von Kron- montag mitag.
bergs diener hat mir   obents
bracht 1 haßen 1 pa-
steten.

Doctor Kauff

Doctor Jorge
Johan Bawer

Doctor Sachß
Jorge Weyler
Renthmeister

Doctor Jorg ein gantz   sontagobents
kalp   montag mittag Adolarius
              vnd obents
     desgleichen Hensel von Wormbs
     desgleichen Peter Buctella
                Caspar Schmuck
montag morgens vnd obents Adam Martinij
                M͞gr Johan Wonhoff
                Johan Fischer
                Hans Waltman
                Johan Bon.
                Gerhart Zimmerman.
                Hans Zap.
                Paul gulden hirß.
sontag obents montag obents schweger Wolff meister

sontag obents	}	vetter Hensel Bawer

sontag obents   } vetter Hensel Bawer
montag mittag vnd obents } vetter Conradus
                     schweger Peter Scherer
                     schweger Jacob
sötag obents montag morg. etc.   Rottschreiberin alten
     Idem   schweger Philips bein bencken.
                     Thewalt Spengel.
                     Nicklas Geyer.
                     Hans We(nde)l
                     Barbara
                     Adolarius (Hoi)gle
                     Peter . . . . . r(?) und tochter
                     3 formschneider
                     schweger Hans Schneider
                     Bernhart Becker.
                     pfarher S. Ingnacij.
                     Hans Geysler.
                     Hans Petrj.

23. Cochlaeus an Johannes Dantiscus, Bischof von Culm. 1535.

(Bischöfliches Archiv zu Frauenburg Codex D 3 fol 114.)

Rme in Christo Pater Praesul Ornatissime,
S. Quanquam publice nuper ad Reverendiss. Dignitatem tuam
scripsi, impulsus metu quodam periculorum, dum me urgeret
charitas Christiana, admonere inclytam nationem Polonorum a
malo ex Wittenberga veneni afflatu: revereor tamen nunc privatim ad ampliss. D. T. scribere homuncio ignobilis et con-
temptibilis. Sed unus ministrorum Rmae D. T. Mathias Wolrab
Lipsensis, mihi affinis factus, sic mihi dilectus est, ut ejus com-
mendandi gratia pudorem vincat officium. Rogo igitur suppliciter, ut Rma D. T. gratiose in bonam partem has litteras
accipiat. Misi quidem et antea litteras privatas cum libellis
aliquot, a me hoc anno ad Poloniae Praelatos editis, sed nondum
potui intelligere, an Rma D. T. acceperit necne. Quoniam
vero frater Mathiae, cui neptem desponsavi meam, promittit
certum e nundinis Lipsensibus latorem litterarum, iterum scribo,
sed ero brevis, ne ampliss. negotiis Rmae D. T. molestiam
ingeram. Inprimis igitur oro suppliciter et obtestor Rmam D. T.
per gratiam et humanitatem suam, doctissimis quibusque notam
atque perspectam, ut ministrum supradictum, affinem meum,
mihi tum affinitate tum indole sua charissimum, gratiose com-
mendatum habeat, ita ut sentiat ille, commendationem meam
alicujus fuisse apud Rmam D. T. momenti. Certe non tanti
esset apud me affinitas, ut cum tanto Praesuli commendare ausim,

nisi arbitrarer, talem esse indolem et genium adolescentis, ut
ad gratiam, honorem et utilitatem Rmae D. T. servire possit.
Caetera de rebus Germaniae adjungam. Cum sciam igitur
Rmam D. T. summe amicam et gratiosam esse clarissimo et
omnium doctissimo viro Dn. Erasmo Roterodamo, significo,
me hoc die litteras ab eo accepisse amicas et laetas, datas ab
eo Friburgi 24. Novembris. In quibus sub finem ita scripsit:
»Cum Chiragra et Podagra mihi saepe gravis est colluctatio.
Multis diebus in totum abstinui a scribendo. Nunc adnitor, si
queam Ecclesiasten meum absolvere, qui mihi serio praestandus
est, joco promissus. Onus increscit sub manu etc.« Coloniae
perdidimus nuper doctissimum virum, Arnoldum Vuesaliensem,
Canonicum Majoris Ecclesiae, qui reconditissimam habuit in
pectore suo Theologiam pariter cum Philosophia ex Graecis et
Hebraicis fontibus. Oebanus Hessus ex Graecis hoc anno carmina
quaedam foeliciter transtulit Erfordiae. Cum Phil. Melanchthone
contentionem suscepi, maxime propter Polonos et Scotos, cui
alioqui privatim optime volo. Adversus novum Regis Angliae
matrimonium, quod revera adulterium existimo, acriter scribere
coepi ad defendendum Reginae conjugium et filiae legitimam pro-
creationem, sed heri ex Moguntia litteras accepi, quae nuntiant,
Regem Angliae cum Caes. Mte iniisse concordiam et recepisse
uxorem veterem, filiamque despondisse Regi Scotiae, adolescenti
summae spei, quantum ex litteris et ex nuntio meo, qui in
Scotia fuit, cognoscere potui. Scripsi per aestatem historiam
Hussitarum Bohemiae ex vetustis codicibus, quae in xii libros
excrevit. Ferunt Lutherum nunc parturire nescio quae Penthei
tonitrua adversus Ecclesiam Catholicam, ut a Papa ad sectam
suam trahat Ecclesiam et Catholicum orbi terrarum eripiat, ut
angulo Wittenbergensi transcribat, et ita cogat in angustum
haereditatem Christi, ut nemo sit Christi nisi qui est Lutheri.
Ego contentionum jamdiu pertaesus, nihil opto vehementius,
quam ut Deus per novum Papam det nobis universale con-
cilium, quod rebus perturbatis et medelam afferat et cum pace
quietem. Si commode poterit frater Mathiae, affinis meus,
jussu meo mittet e Lipsia ad Rmam D. T. quosdam ex libellis
meis hoc anno editis. De Johanne Campensi nihil prorsus
audivi ab eo tempore, quo Cracoviae denuo edidit Paraphrasim
suam in psalmos, non absque laude plurimorum in Slesia, Lusatia
aliisque vicinis regni vestri provinciis. At sors mea ita fert, ut
his temporibus ultra onus laborum ferre cogar et impensarum
non leve onus in excudendis exemplaribus. Faxit Deus, ut de-
sinat suspecta et molesta nobis esse Wittenberga. Illustriss.
Princeps Dux Saxoniae Georgius, etsi cum Duce Electore concordiam in temporalibus inivit, in fide tamen catholica con-

stantissime semper eodem tenore permanet per singularem
Gratiam Dei, qui per hunc Principem multos homines in fide
Ecclesiae retinet. Bene valeat Amplitudo tua Rme Dñe, Prae-
sulum eruditorum decus eximium. Ex Dresda iii Cal. Januarias
Anno a Natali Dñi M.D.XXXV.

E. Rmae D. T.
Dediliss. Clientulus
Jofs Cochleus
qui Ratisponae Rmam D. T.
vidit et alloquutus est.
(Rückseite)
Reverendissimo in Christo Patri ac
Dño Dn. Johanni Dantisco, Episcopo
Chulmensi etc Dño suo perquam gratioso.

24. Gedenktafel Behems.

Von Gudenus cod. dipl. III, 993: »In laudem et honorem
Inventionis Crucis D. N. I. C., in quo est Salus, vita et resur-
rectio nostra, per quem salvati et liberati sumus; Et memoriam
Parentum suorum, Francisci Behem, olim Moguntiae apud
S. Victorem extra: et postmodum intra muros Typographi, et
Elisabethae Matris suae, in Christo pie defunctorum; Reve-
rendus et Eruditus Doctor Melchior Behem, B. V. Mariae
in gradibus Moguntiae Canonicus, nec non huius S. Crucis,
tum Senior, tum Canonicus, ac Divi Ignatii quondam Parochus;
cui muneri XLIII annos Dei gratia hic et alibi vigilanter pre-
fuit, hanc Tabulam pietatis ergo F. F. anno reparatae Salutis
MDCII Cal. Novembris. Disce vivere. Disce mori.« Dazu die
Bemerkung: »Haec reperi conscripta in fragmento cuiusdam
Altaris dudum sepositi.«

25. Gleichseitige Buchdrucker in Mainz, die in Urkunden vorkommen.

Ratsprotokoll von 1542: Marxe Son von Basel Buchdrucker, beklagt sich wegen Schmähungen des Buchbinders
Wendel Simon, der öfters wegen Injurien verklagt war.
Ratsprotokoll von 1565, 15. Mai, als Bürger aufgenommen
unter No 14 »Anthoni Zedersetzer vonn Nurmburg,
Buchtrucker.«
14. Aug, als Bürger aufgenommen »Hannß Heß auß der
grafschaft Tirol Factor.«
Ratsprotokoll von 1579, 7. Nov. Bürgeraufnahme. Ausländische, so Bürgerstöchter haben: »Lorentz Brandis von

Wormbs ein Buchtrucker, Barbara, Steffan Voltzen Bürgers
Dochter sein Hausfraw.«
    Ratsprotokoll von 1580: »Ledige Buchtruckergesellen, die
am 7. Juli Dienstag das Handgelübde ablegen:
        Jacob Herrnzell von Ingolstatt
        Philips Jung von Franckfort
        Georg Neunkirchen von Weisenaw
        Georg Herrgott uß Franckreich[1])
        Philipps Bonhöfer von Schwäbisch Hall
        Blasius Schneider von Basell
        Michael Schöfer von Franckfort.
    1589 Buchdruckergesellen:
        Barthel Hutter[2]) von Zwickawe,
        Hieronymus Zimmermann von Augspurg,
        Hans Sauer von Wetter,
        Albanus Roß von Weimar,
        .... Fuchs von Frankfurt,
        Andres Jungenwürth von Bautzen,
        Henrich Murckardt von Breßlauwe
    1591, 14. Dez. sind Schonwetters Erben[3]) erwähnt.
    1601, 30. Juni wird Balthasar Lipp als Bürger auf-
genommen. In der Revisio v. 1594 ist er bereits als Drucker-
herr bezeichnet.
    Visitation von 1568: Philippus Schreiber Buch-
drucker, bewohnt ein Eckhaus in der Nähe des Kronberger
Hofs um Zins.
    1601 ff. druckt in Mainz Niklas Stein, vielleicht der-
selbe, welcher in Konstanz vorkommt. Er verlegte für Johann
Albin im J. 1606 das rare antilutherische Büchlein: Enchiri-
dion, d. i. der kleine vnd reine Catechismus, ... sampt
dem euangelischen Wetter Han: Alles für die gemeine Pfarherrn vnd Prediger zugericht .... auß D. M. Lutheri eignen
Schrifften .... Getruckt zu Meyntz durch Joh. Albin, in
verlegung Nik. Steinij. 12°.

----

    [1]) Ohne Zweifel ein Verwandter des Buchhändlers Johann Herrgott
aus Nürnberg, der im J. 1527 in Leipzig hingerichtet wurde. Kirchhoff,
Archiv f. Gesch. des deutschen Buchhandels 1878. S. 15 u. Anzeiger f.
Kunde der deutsch. Vorzeit. 1879. S. 293. Kapp, Gesch. d. deutsch. Buch-
handels. I. S. 439. Vgl. auch das. S. 594.
    [2]) Ein Simon Hutter war lange Feierabends Geschäftsführer u. Associé.
Archiv f. Gesch. des deutschen Buchhandels. II. S. 56.
    [3]) 1657 druckt Nikolaus Heyll auf Kosten der Erben Johann
Gottfried Schönwetters von Frankfurt. S. oben S. 29.

3. Teil.

Biographische Anmerkungen zu den in den Briefen erwähnten Personen.

Anmerkungen zu den Briefen.[1]

1. Nikolaus Wolrab, ein berühmter Drucker zu Leipzig, welcher in den Jahren 1533—40 hauptsächlich die polemischen Schriften der Katholiken druckte. Am bekanntesten ist aus dieser Periode wohl geworden das »New Gesangbüchlin Geystlicher Lieder« von dem Dominikaner Michael Vehe, Dr. theol., Propst der Stiftskirche zu Halle a. S., gewöhnlich als das älteste katholische Gesangbuch bezeichnet, nicht ganz mit Recht. Die zweite Auflage erschien 1567 bei Behem (Ex. auf der Bibl. in München). Eine neue Ausgabe veranstaltete Hoffmann von Fallersleben. Vgl. u. a. Sev. Meister, das kath. deutsche Kirchenlied. I.

Nikolaus hatte eine Nichte des Johannes Cochlaeus zur Frau. Er ist jener Bruder des Matthias Wolrab, welchen derselbe 1535 dem Bischof Johannes Dantiscus von Ermeland empfiehlt (S. Brief No. 23), und für welchen er im J. 1537 von Friedrich Nausea 50 fl. erborgt, weil derselbe sonst kein Papier kaufen kann (Epist. Miscell. S. 210). Der Tod des Herzogs Georg und die Thronbesteigung Heinrichs im Jahre 1539 war ein harter Schlag für das blühende Geschäft Wolrabs. Das im Druck befindliche Werk Witzels typus ecclesiae wurde mit Beschlag belegt, der Drucker und der Verfasser in Haft gesetzt. Witzel entfloh aus derselben. (Epist. Miscell. 1. Juni 1539. S. 247. K. G. Hofmann, Ausführl. Reformationshistorie der Stadt und Universität Leipzig. 1739.) Wolrab befreite die Fürsprache der Herzogin Katharina und des herzoglichen Rates Anton von Schönberg aus der Haft. Doch durfte er nichts ohne Censur drucken. Da dem Buchdrucker die Möglichkeit genommen war, katholische Werke zu verlegen, druckte er von jetzt ab unter Begünstigung seiner Protektoren die Schriften der Reformatoren. Am 8. Juli 1539 beschwert sich daher Luther bereits bei dem Kurfürsten Johann Friedrich bitter über Wolrab: »Es hat der lose

---

[1] Die Nummer entspricht der Briefnummer.

Bube Wolrab zu Leipzig, der bis daher all die Schmachbucher wider uns gedruckt, und mit allem Fleifs vertrieben hat, furgenommen, unser deutsche Biblia nachzudrucken und den Unsern das Brot aus dem Maul zu nehmen. Nun wissen Ew. Kurfürstl, Gnaden, wie unbillig das ist, dafs der Bube soll der Unsern Erbeit und Unkost brauchen zu seinem Nutz und der Unsern Schaden, damit geschähe, dafs er mit seiner Bosheit verdienen wurde, dafs ihm unser Erbeit für seine ungebufsete Buberey, Schmach und Lästerung noch zum Besten dienen mufste. Ist derhalben mein unterthänige Bitte, Ew. Kurfürstl, Gnaden wollten helfen, dafs solch grofs Ubel des Wolraben nicht so hoch mufste seiner Bosheit geniefsen, und Ew. Kurf. Gn. Unterthanen, ihrer Kost und Fahr nicht so schwerlich entgelten. Ohn was noch mich verdreufst, dafs der Lästerer und Schmachdrucker meiner sauren Erbeit so mifsbrauchen, vielleicht dazu auch spotten sollt; denn was er mit seinem Druck gegen Gott und uns verdienet habe, will ich Gott befehlen. So wars auch nicht unbillig, ob die Drucker zu Leipzig, so bisher lange genug mit ihren Schmähbuchern sich gereichert, auch eine Zeit lang sich enthalten mufsten, mit unsern Buchern sich noch mehr zu reichern, und die Unsern zu verderben; denn es gut ist zu rechen, weil die Märkte alle zu Leipzig, dafs sie ehe tausend Exemplar vertreiben konnen, denn die Unsern hundert. Ew. Kurf. Gn. werden hierin wohl wissen furstl. Rat zu finden. Hiermit dem lieben Gott befohlen.«[1]) Der Kurfürst verbot zwar auf ein Jahr den Nachdruck, befahl aber den Pfarrern mit dem Ankauf der Bibel zu warten. Im J. 1540 erschien bei Wolrab die Augsburger Konfession und Luthers Vermanung zum Sakrament des Leibes und Blutes vnsers Herren (8°. 55 Bl. mit Titelbordüre und 1 Holzschnitt), ferner die von Herzog Heinrich eingeführte Agende (ein Exemplar auf der Bibliothek des Königl. sächs. Ver. f. Erforschung u. Erhaltg. der vaterländ. Altertümer zu Dresden), 1541 auch die Bibel in 2 Bänden mit vorzüglichen Holzschnitten von Luk. Cranach[2]) und in demselben Jahre die Propheten, die Apokryphen, Maccabäer und das neue Testament gleichfalls mit Cranachschen Holzschnitten.[3]) Abermals erfolgten Prachtausgaben der Bibel 1543 und einer Postill 1544[4]) und 1545.

Seine religiöse Gesinnung hat Wolrab, wie es scheint, nicht geändert. Wenigstens sagt er in der Vorrede zu dem 1547 gedruckten Werke

---

[1]) Br. No. MDCCCLXVII. de Wette V, 207. An Justus Jonas berichtet Luther im Okt. 1539, dafs man bezüglich des Drucks der Witzelschen Schriften, besonders der Postill, vorgehe.
[2]) zu 300 Mark geschätzt Rosenthals Antiq. in München Catal. 38 (Bibl. Luth.).
[3]) Zu 150 Mark geschätzt.
[4]) Auslegung der Episteln und Evangelien. 1544. — Auslegung der Evang. an den Festen. 1545 mit 45 Holzschnitten von H. Brosamer. — Beiläufig sei bemerkt, dafs W. in den J. 1539—41 zum Drucke seiner Bibelausgaben gröfsere Quantitäten Papier aus Strafsburg bezog. P. H. Burckhardt. Druck und Vertrieb der Werke Luthers. (Ztschr. für histor. Theologie. 1862. III. S. 456—69.) Vgl. auch Kapp, Gesch. d. d. Buchhandels. S. 474.

»Wahrhafftige Historia von Magister Joh. Hussen, aufs alten Originaln beschrieben« (Leipzig. 1547. kl. 8°): »Wiewol ich aber frey bekenne das
der Hus nyrgent so ein böser vnd schedlicher Ketzer gewest
sey, als Luther ist.« Es erschienen bei ihm noch eine ganze Anzahl Er-
bauungsbücher. Den Bibeldruck hat er zweifellos — wie Hofmann a. a. O.
sagt — »nicht aus heiligen, sondern aus gewinnsüchtigen Absichten übernommen.«

Das bestätigt auch Fr. Kapp in seiner Geschichte des deutschen Buchhandels 1886, S. 152 ff. Derselbe bezeichnet geradezu Wolrabs Geschäft
als »Schwindelgeschäft.« Wolrab war ein rühriger Mann. Aber da es
ihm stets an Geld fehlte, verschaffte er sich Darlehen, namentlich von
einem reichen Handelsherrn, Sebastian Reusch, welcher des Druckers
Thätigkeit nur zu seinem Vorteil ausbeutete. In der gröfsten Not mufste
ihm auf Befehl vom Dresdener Hofe aus sogar der Rat von Leipzig einmal
800 Gulden vorstrecken. (S. Kapp, a. a. O.).

In dem Briefe, den wir mitteilen, giebt der Schreiber als Hindernis
der Reise zur Frankfurter Fastenmesse den Handel »mit den Wollensecker« an. Andreas Wollensecker ist ein zweiter Gläubiger des
armen Druckers gewesen. Da derselbe jenem 8000 Gulden schuldete, sie
aber nicht zahlen konnte, wurde 1541 seine ganze Habe verpfändet. Wolrab
druckte nur, um die Schuld abzutragen. Im folgenden Jahre belegten zwei
andre Gläubiger, Merten Richter und Gregor Forster den letzten Rest seines
Besitztums. Hatte ihm schon Wollensecker einen Sequester in das Haus
gesetzt, so bekam er jetzt einen zweiten in der Person seines eigenen
Dieners Hans Mauser. Endlich verkaufte Wollensecker das Geschäft im
Januar 1544 an andre auswärtige Drucker. Gleichwohl gelang es Wolrab,
wohl durch Vermittlung Reuschs, Kredit zu finden. Die sämtlichen aber,
die sich verleiten liefsen, von Wolrab Bücher zum Vertrieb zu kaufen, fielen
bei diesem Handel herein. So hatte auch ein Kürschner, Damian Lunckewitz, sich täuschen lassen, sah sich aber schliefslich genötigt, seinen Buchhandel an den Diener Wolrabs zu verkaufen, Wolf Günter, denselben,
welcher im vorliegenden Brief genannt ist und welcher 1548 Peter Schürers
Geschäft und Witwe übernahm. Schürer gehörte zu denen, welchen Wollensecker den Buchhandel Wolrabs verkauft hatte. Günters Geschäft fallierte
1557.[1]) Wolrab hatte mittlerweile 1545 ein neues Geschäft in Frankfurt an
der Oder gegründet. Dort ward das Interim gedruckt. Lange hielt er
sich auch da nicht. Ein neuer Versuch, in Leipzig den Handel fortzusetzen,
mifsglückte abermals. Im J. 1552 errichtete er die erste Druckerei in
Budissin (Bautzen), welche sein Sohn Johann und sein Enkel Michael
bis 1596 fortführten. Er gab auch dem oben genannten Günter Verlagsartikel in Kommission und geriet dadurch in Schaden.[2]) Bei Johann erschien unter anderem eine Ausgabe des Gesangbuches von Johann Leisen-
trill 1567.

1) S. über diese Verhältn. Kapp, a. a. O. S. 154.
2) Kapp, S. 474.

Nach Kapp wäre Nikolaus Wolrab nach 1552 verschollen; seine Frau habe Almosen von der Stadt Leipzig erhalten. Vermutlich ist Nikolaus um 1560 in Bautzen gestorben. Sein Haus in Leipzig hatte der Buchdrucker Jakob Bärwald übernommen. — Johann W. druckte auch in Posen mindestens bis 1591, aufser bedeutenden Werken besonders die Disputationen des Jesuitenkonvents, deren sich eine Menge in der Mainzer Stadtbibliothek finden. (S. auch Freytag, Analecta litteraria. p. 647, 706.) Von 1594 an heifst es auf den Drucken »Witwe« oder »Erben Wolrabs.«

Die geschilderten Mifsverhältnisse erläutern den Brief ziemlich. Um seiner Gläubiger willen sieht sich W. genötigt »in heimlicher Weise« zu schreiben. Er deutet sein trauriges Schicksal, den 1544 erfolgten Verkauf seines Geschäftes durch Wollensecker, an und läfst den Grund seines Unglücks ahnen. Er hat zu hoch hinaus gewollt. Drum warnt er seinen unternehmenden Schwager vor dem gleichen Fehler und will in Zukunft vorsichtiger zu Werke gehen. Die Lehre, die ihm der Herr gegeben, vergifst er so bald nicht. Auch Behem war offenbar von dem Ruin seines Schwagers in Mitleidenschaft gezogen.

Wer aber ist Schwager Jörg? Vielleicht der Neffe des Cochlaeus, Georg, dessen derselbe in seinen Briefen an den Königlichen Vicekanzler Hofrat Dr. Georg Gienger[1]) 1539 gedenkt. Georg heiratete zu Prag eine Verwandte des letzteren. Von Meifsen aus schreibt Cochlaeus am 12. Aug. 1539 an Nausea: »Meinen zweiten Neffen hat zu Prag grofse Trauer und tiefster Seelenschmerz erfüllt, weil sein Verwandter, der Papierfabrikant, nachdem er die Heirat mit der bekannten Jungfrau, der Verwandten des hochberühmten Herrn Dr. Gienger, veranlafst hat, nunmehr seine Versprechungen nicht halten will. Das macht mir viel Ärger. Am wehsten thut mir, dafs der Papiermacher so gehäfsig ist gegen hohe Herren, die doch wissen, was er Georg versprochen hatte, und dafs dieser so beschämt und bei seinen neuen Verwandten so verächtlich gemacht wird, infolge der trügerischen Versprechungen seines Schwagers. Was mufs ich mich vor Herrn Gienger schämen, wenn er das hört. Ich bitte Dich, hochverehrter Gönner, der Du mit Recht bei dem Papiermacher alles vermagst, ermahne ihn treulich, er solle doch nicht so unnobel gegen Georg handeln. Sonst fürchte ich, dafs für beide Teile die Sache übel ausgeht.«

Ein häufiges Signet Wolrabs ist das Bild einer gekrönten Frau, welche in der Linken ein Kruzifix, in der Rechten ein Buch hält.

Wolrabs Familie scheint eine längere Dauer gehabt zu haben, als die Behems. Im J. 1716 druckt ein J. J. Wolrab zu Nürnberg wertvolle Werke. Hans Jakob Wolrab aber war ein bedeutender Münzmeister, geb. 1633 zu Regensburg, † 1690 zu Nürnberg. S. Nagler, Monogr. III. S. 431. No. 1146.

---

[1]) G. Gienger, Ritter, Dr. iuris, geh. Hofsekretär des Erzherzogs Ferdinand, später Vicekanzler der Regierung zu Innsbruck, endlich geh. Rat und Burggraf zu Enns, insgeheim Protestant. Archiv für östr. Gesch. Band 26. S. 5 und 13. Horawitz, Bruschius. S. 125.

2. **Wagner.** Es giebt zwar mehrere Drucker dieses Namens: Sebastian W. in Worms 1538, Johann W. in Augsburg, ein zweiter Johann in Bamberg 1580, letzterer der Drucker der mit schönen Kupfern ausgestatteten Bambergischen Halsgerichtsordnung, ein Georg W. in Mainz, welcher als Verwandter Ivo Schöffers dessen Geschäft von 1556—58 weiterführte, aber auch schon 1552 auf einem Drucke genannt ist (Würdtwein, Bibl. Mogunt. p. 195). Aber bis jetzt habe ich keinen Kaspar Wagner gefunden. Derselbe muſs dem Briefe zufolge in einer Universitätsstadt gelebt haben. Daher dachte ich an Innsbruck, wo die altberühmte Wagnersche Universitätsbuchdruckerei noch heute besteht. Aber der Gründer derselben ist Rupert Heller gewesen 1554. Wagner erscheint erst hundert Jahre später. Wir verdanken diese Mitteilung der Güte des jetzigen Geschäftsinhabers. Am ehesten läſst sich an Erfurt denken, woselbst im J. 1552 die Pest herrschte. Dazu paſst der Ausdruck »Sterben.« Obwohl Kaspar W. laut dem Briefe der Schwager des Cochlaeus war, wird sonst nirgends seiner gedacht. Wer der verstorbene Vetter ist, der im Testament nicht an die Briefschreiberin denkt, läſst sich nicht feststellen. So bleibt der Brief einstweilen zum Teil unerklärt.

Unter den Buchführern sind Sortimentshändler zu verstehen. Neben diesen vertrieben noch die Hausierer oder Kolporteure Bücher.

Johann Bauer (von Wendelstein), zuweilen auch Johann Agricola genannt, so z. B. in der Vorrede zur Wildschen Erklärung des Gleichnisses vom verlornen Sohn 1550, war der Neffe des Johannes Cochlaeus, welcher auch zu seinen Gunsten im Jahre 1535 auf sein Kanonikat an St. Viktor resignierte. Er war es wohl, welcher den Cochlaeus auf den Reichstag nach Worms 1521 begleitete. Ursprünglich Kleriker der Diöcese Eichstädt, besaſs er später die Vikarie zum Altare des hl. Andreas in der St. Leonhardskirche zu Frankfurt. 1558 9. Okt. wurde er Vicedekan zu St. Viktor in Mainz, 1561 2. Sept. Dekan. Er starb am 4. Nov. 1569. S. Joannis rer. Mogunt. t. II, 630 und die handschriftlichen Ergänzungen dazu von Peter Dael, Vikar zu St. Viktor († 1742): Chronicon ecclesiae colleg. ad St. Victorem, in der Stadtbibliothek zu Mainz, sowie von Gudenus, codex dipl. III, 906. n. V und VI. Johannes Bauer bewohnte anfänglich eine Kurie des Viktorstifts, später ein Präbendenhaus des St. Johannstifts. — Johann Bauer ist unter den Gästen in Behems Haus 1563, mit ihm ein »Vetter Hensel Bauer«, ohne Zweifel sein Neffe. Ein Hans Bauer bewohnte ein Haus auſserhalb der Stadt am Weg von dem steinernen Kreuz nach dem Büſserkloster.

Mit dem Vetter Hensel Bauer steht zusammen auf der Gästeliste »Vetter Conradus«, vielleicht auch Bauer geheiſsen. Johann Bauer hatte einen geistlichen Neffen dieses Namens und verschaffte demselben durch Empfehlung (30. Juni 1556) die fünfte Präbende Sancti Petri Apostoli am Viktorstifte, auf welche dieser am 30. Okt. 1563 resignierte. Am 2. Sept. 1564 wurde er ebenfalls von seinem Oheim zur Michaelsvikarie präsentiert, vom Kapitel aber als nicht geeignet dafür zurückgewiesen (s.

Daels Chronik S. 166 und 351). Im liber benefact. Sancti Stephani heilst
es: »Conradus Bawer, Vicarius altaris S. Pancratii obiit 31. Martii 95 (1595),
solvit vestem.« Er bewohnte ein Präbendenhaus bei St. Stefan »an hert-
zogk Georgen[1] boff und garten stossent« (Visit. v. 1568.)

Der Vetter Conradus könnte zwar immerhin auch der kaiserliche
Notar Konrad Behem zum roten Haus in Mainz sein. S. auch S. 29.

3. Thewalt Spengel, der Associé Behems seit 1550. Im J. 1568
war er bereits tot. (Stadtvisit. No. 190 und 2092.) Seine Gattin Elsa
starb nach dem liber benefactorum Sancti Stephani (Handschr. in Mainz)
im September 1569. — Theobald Spengel war humanistisch gebildet und
stand mit den Gelehrten der Zeit in Verbindung. In einem Briefe an
Nausea (Epist. Miscell. S. 256, IV. Non. Sept. 1539) teilt er demselben
Neuigkeiten mit, z. B. dafs die Pest in Mainz grassiere. Der Verkehr mit
den Theologen Nausea, Cochlaeus, Ferus, Johann Bauer und anderen war
durch den Vater Johann Sp. angebahnt, welcher mit denselben in freund-
schaftlichem Verhältnis stand (s. Epist. Misc. 1534. S. 146). Johann war
Magister. Er starb vor dem J. 1550. Besonders lehrreich über den Verkehr der genannten katholischen Gelehrten und ihre gegenseitige Anregung
zur Publikation guter Bücher ist die Vorrede zur Erklärung der Parabel
von dem verlorenen Sohn, von Johannes Wild 1550 (s. Druckverzeichnis).

Eine Schwester Theobalds, Namens Agnes, war verheiratet mit dem
obersten Garderobier König Ferdinands I., Johann Mathii. Er gedenkt
derselben in seiner Vorrede zur Catechesis v. 1555, welche er richtet an
die Frau des Vicekanzlers der Kön. böhm. Majestät, Dr. Jakob Jonas,
in Prag und empfiehlt sie deren Gunst. Im Namen Georg Witzels, des
Älteren[2]), grüfst er Frau Anna und die ehrbare Frau Giengerin, »des
Doctorn und Herren Georgii Giengers Königlichen Hoffrhat Ehegemahel.«

Ob ein Hieronymus Spengel, welcher 1. Sept. 1599 unter den neuen
Bürgern von Mainz figuriert, mit Theobald verwandt ist, wissen wir nicht.
Auch ein Peter Spengel findet sich, seines Zeichens Schneider (Visit.
No. 968).

Jedenfalls verwandt war der Goldschmied Enders (Andreas) Spengel
(Visit. 805, 813, 814). Als Endres Goltschmidt wird er in lib. benefact.
erwähnt: »obiit 4. die Aprilis subitanea morte anno 83«. Öfters wird nur
die Beschäftigung statt des Zunamens gesetzt.

Nikolaus Geyer oder Clas G., zweiter Teilnehmer an der Kom-
pagnie Behem-Spengel, oft auf den Drucken genannt. Dieser oder ein
Balthasar G. war Sammler von Altertümern in Brambach bei Mainz.

---

[1] Wenig später als herzog Georg pfalzgrawe herr zu Simmern
näher bezeichnet. Das Haus bewohnte »Frau Elisabeth von Rosenfeld
genannt Heygerin seiner fürstl. Gnaden Dienerin«.

[2] Witzel hatte einen Sohn gl. Namens. Wenn Zaun, Landkapitel
Rheingau, Wiesbaden 1879, S. 67, meint, derselbe sei in den zwanziger
Jahren Pfarrer in Eltville gewesen, so ist das unmöglich. Der Pfarrer
G. Wicelius von Eltville ist eben der ältere, wohlbekannte.

Friedrich G., Rentlhon und Visicrer, als Inhaber eines Krames in der Visit. No. 851 erwähnt, ist wohl Verwandter.

Ein Haus bei der Stefanskirche bewohnte »vor hin« d. h. vor 1568 »der alit Hennrich Geyer«. Ob dieser und ein Setzer Peter Geyer (Rechnungsbuch der Froben und Episcopius, S. 18, 38) zur Familie des Nikolaus G. gehören, läßt sich nicht feststellen. Ebensowenig wissen wir etwas über die Verwandtschaft des Geistlichen Martin Geyer, welcher am 7. Juli 1599 vom Kapitel des Viktorstifts zum Inhaber der St. Nikolauskapelle in Östrich erwählt wird. Er stirbt 1606. (Chron. St. Vict. v. Dael.) Im liber seniorum des Klosters Eberbach (Handschr. in d. Bibl. des Altertumsver. zu Wiesbaden) wird ein »Schulmeister Heinrich Geyer« 1548 und 1550 erwähnt.

4. Philipp Arbogast, Domherr in Merseburg, war dem Bischof Helding offenbar viel Dank schuldig. Nach einem von Joannis tabul. literarumque spicilegium, p. 568 mitgeteilten Schreiben erhielt er von diesem im J. 1551 sein Kanonikat, ja durch seine Vermittlung den Licentiatentitel von der Mainzer Universität, ohne welchen die Erlangung des Kanonikats nicht möglich war. Nach den Briefen war er später Senior des Kapitels.

Michael Helding 1506 zu Langenenslingen geb., der Sohn eines Müllers, studierte Theologie. In Tübingen erwarb er sich die Magisterwürde. Vom Studenten ward er zum Schulmeister an der Mainzer Domschule, im J. 1536 Dompfarrer, 1543 Dr. theol., dann Bischof von Sidon i. p. i.; daher wird er gewöhnlich Sidonius genannt. 1547 und später predigte er vor dem Kaiser in Augsburg und ward diesem von König Ferdinand mit Julius Pflug, Cochlaeus und anderen vorgeschlagen als geeignet zur Mitwirkung bei der Abfassung des Interim. Ein kaiserlicher Soldat Namens Thomas Trage berichtet darüber am Tage Matthei 1550 von Augsburg aus: »der erwelte bischoff zu Merseburgk Michel Sidonius predige fast alle sontage im thume, quem Hispani non inteligentes summo ardore audiunt.« (Mittlg. v. Lic. Dr. Buchwald in Zischr. d. hist. Ver. f. Schwaben und Neuburg 1885. XII. S. 50.) 1550 erhielt er das Bistum Merseburg, ward 1557 Kammerrichter, dann Präsident des Kais. Rats in Wien. Dort starb er 1561 und wurde im Stefansdom beigesetzt. Genaueres s. Severus parochiae Moguntinae p. 7. Joannis, rer. Mog. II, 443. Knodt, Univ. Mog. rectores Magnif. p. 49. Jöchers Gelehrtenlexikon.

Über seine Thätigkeit für das Interim: A. Jansen, Julius Pflug (Mitteilungen des Thüringisch-sächsischen Vereins X. H. 2. S. 66, 82, 92, 100, 104, 119, sowie VII, H. 3. — J. Janssen, Geschichte des deutschen Volks III, 612 f. u. ö. — Pastor, die kirchlichen Reunionsbestrebungen während der Regierung Karls V. 1879. S. 345 ff.

Über seine Versuche zur Einführung des Interim bezw. Wiederherstellung des katholischen Kultus in den nassauischen Landen s. Nebe, Zur Geschichte der evangel. Kirche in Nassau (Progr. des Herborner Seminars 1. Abt. S. 41. Goltwurm über H.; 3. Abt. S. 12).

Moufang, »Katholik« 57. 1877. S. 80 f. Desselben Schriftchen über die Mainzer Katechismen und dessen Ausgabe der Katechismen. M. Winter, ein berühmter Langenenslinger (Mitt. des Vereins für Gesch. und Altertumskunde in Hohenzollern XV. 1881/82. H. 1. S. 1 ff.). Ein Ausspruch des kaiserlichen Kammergerichts von Helding unterzeichnet Ann. d. Ver. f. nassauische Altertumskunde und Gesch. I. S. 93 f. Ein Brief H.'s an Nausea. Epist. Misc. III. p. 30—32. Vgl. J. Hennicke, Etwas über Anfang und Fortgang der Kirchenverbesserung im Stift Merseburg. (Einladungsschrift zur Jubelfeier des Reformationsfestes. 1817.)

Mathias Flacius Illyrikus (s. »Widerlegung des Katechismi des Larvenbischofs von Sidon«) greift Helding, »den Mainzischen Rabsakes« in maßloser Weise an. Daher ist sein Vorwurf, derselbe habe acht Töchter, mit Vorsicht aufzunehmen. Aber auch Johann Wiegand schrieb gegen Helding. Dagegen nennt ihn sein Zeitgenosse W. Eisengrein im Catalogus testium veritatis fol. 205 »ornatus moribus.« Auch Severus verteidigt ihn warm in seinem Werk über die Mainzer Pfarreien. Vgl. Spieker, Beitr. zur Geschichte des Interim S. 226 und dessen Gesch. des Augsburger Religionsfriedens v. 26. Sept. 1555. Schleiz. 1854. S. 146 f. Daß Helding einen Sohn Namens Theodosius hatte, ist durch den Brief Arbogasts außer Zweifel. Nun giebt es nur zwei Möglichkeiten. Entweder huldigte Helding in diesem Punkte der freieren Richtung. Damit stimmt die Nachricht, daß er bei der Einführung des Interim z. B. in der Herrschaft Wiesbaden sich sehr tolerant gezeigt habe. (Keller, Gesch. v. Nassau. I. S. 200.) Oder Helding, der, bevor er Pfarrer wurde, »ludi magister«, Schulmeister an der Domschule zu Mainz war, ging als Laie eine Ehe ein und trat erst später in den geistlichen Stand. Im handschriftlichen liber benefactorum Sancti Stephani auf der Mainzer Stadtbibliothek finde ich einen Theodorich Helding, der wohl identisch ist mit Theodosius. Der betr. Eintrag lautet: »D. Theodoricus Helding Vicarius accepit possessionem Anno 1600 29. Aug. super vicariam S. Nicolai per resignationem domini Martini Sautoris, et solvit introitum.« Eine spätere Hand bemerkte darüber »† 14. Maij 1630.« Nach der zweiten Annahme, daß Helding als Domschulmeister verheiratet gewesen, müßte Theodosius als fast 100jähriger Greis gestorben sein.

5. Sigmund Feyerabend, der berühmte Drucker. S. über ihn Pallmann, Sigm. Feyerabend, sein Leben und seine geschäftlichen Verbindungen. (Archiv für Frankfurts Geschichte und Kunst. N. F. VII. 1881.)

6. Theodosius Helding, s. zu No. 4.

Dr. theol. Philipp Acker oder Agricola, Kanonikus an der Kirche B. Mariae virginis ad gradus, Dekan am St. Peterstift, Domprediger (am 18. Jan. 1551 predigt er als solcher zum erstenmal), Kanzler der Mainzer Universität 1557 und 1567. † 1572, 15. oder 16. März. In der Handschrift von Würdtweins Epitaphienbuch, welche der Verein für nassauische Altertumskunde und Geschichtsforschung besitzt, ist auf S. 15 das letztere Datum angegeben. Da er ein vortrefflicher Theolog war, sandte ihn Kurfürst

Daniel mit Simon Bagen, dem späteren Rektor der Universität Mainz, im
J. 1563 nach Wien zur Beratung über die Zulassung der Priesterehe und
der Spendung des hl. Abendmahls unter beiderlei Gestalten. Er predigte
vor König Ferdinand.
Mehr s. Knodt, hist. univers. Mog. S. 31, 35, 69. Joannis rer.
Mog. II, 499 f. Severus, par. Mog. S. 9 zum J. 1551. Cornelius Loos,
Catalogus ill. viror.
Über seine Wohnung heifst es vis. 1568 No. 1336 »ein eckbehausung
obenn am Pettersberg gegen der alten decheney, so itzt der schlofsgarten,
dargegen uber mitt hoff, garten vnd begriff, ist die decheney zu St. Petter,
bewontt der hochgelertt herr Doctor Philipps Acker Decanus.« vis. 1594:
»nunmehr abgeprochen vnd zue vorgesagten lustgarten geprauchl.«
Das Wohlthätterverzeichnis des Stefanstifts gedenkt seiner in folgenden
Worten: »Philippus Agricola Doctor et Decanus S. Petri solvit meliorem
vestem et obiit in Martio anno 72.«
Perionius wohl Joachim Perion, der gelehrte Benediktiner, welcher
auch die Reden aus Livius edierte; geb. 1494, gest. 1559 in der Abtei
Cormery, s. Jöcher, Gelehrtenlexikon.

7. Emmerich Wacker in Eisenach kennen wir nicht. Im Ratsprotokoll
von 1564 begehrt Dienstag nach Trinitatis, den 30. Mai, ein Heinrich
Wacker, Hofmetzger in Mainz, seinen Geburtsschein, da er sich aufserhalb
Mainz zu bestatten gedenkt. Vielleicht ist dies ein Verwandter. — Der
Name Ihengerin erinnert an Gienger. S. Anm. zu No. 1 und 3. S. 57 u. 59.

8. Arnold Birckmann von Köln, nach Kapp, Gesch. d. deutschen
Buchhandels S. 104, nicht der Sohn, sondern der Bruder Franz Birck-
manns, des Gründers der Birckmann-Myliusschen Firma in der Strafse
»Unter Fettenhennen« (in pingui gallina) zu Köln. S. Allg. deutsche Biogr.
u. d. N. — Kirchhoff, Beitr. zur Gesch. des Buchh. I. S. 88 ff. u. Ann.
des histor. Vereins f. d. Niederrhein. Jo. 1876. S. 2 u. 4 (Merlo). Das
Signet ist eine Henne unter einer Birke.

Der Schwager Lic. Gerwinus ist jedenfalls der Associé der Quentelschen Erben in Köln, Gerwinus Calenius. Das Signet ist »Simson mit dem
Löwen«, angeblich komponiert von Johann v. Essen.

Georg Willer von Augsburg, der Schöpfer des Mefskatalogs.
Kirchhoff, a. a. O. II, 27, 33. Ganz ausführlich behandelt dessen Thätigkeit Kapp, a. a. O. bes. S. 479.

Buchinger Michael, Geistlicher in Colmar. Die Postill desselben,
welche Behem für Birckmann 1570 druckte, haben wir nirgends verzeichnet
gefunden. Im Jahre 1560 erschien von Buchinger eine »Historia ecclesiastica
nova qua brevi compendio res in ecclesia gestae Romanorum pontificum
a. b. Petro usque ad Paulum IV. describuntur«, bei Franz Behem in Mainz
fol. (Flofssche Bibl. und Bibl. in Mainz.) Buchinger schrieb ferner de
imaginibus, jejunio et eucharistia 1543, de ecclesia 1556, tyrocinium
de mysterio altaris Köln 1555. Die Kirchengeschichte ist nachmals in

Antwerpen nachgedruckt 1588 Hendrach. Das Kirchenlexikon von Wetzer und Welte erwähnt den fleißigen Mann nicht.

Flaminius, Johannes Übersetzer der von Ferus lateinisch verfaßten Auslegung der Genesis, Pfarrer zu Dachstein im Bistum Straßburg (1571). In der Vorrede erklärt er nur auf Bitten anderer, besonders Philipp Agrikolas die Übersetzung gemacht zu haben.

9. Erbard Schütz (vielleicht auch Sagittarius), Prediger zu Straubing. Wir fanden über ihn nichts.

Jakob Apel (Appell), Buchhändler zu Leipzig, steht auch mit Feierabend in Geschäftsverbindung. Er kommt noch 1609 vor (Draud, collectio p. 111). Er hatte in Leipzig eine Niederlage des Clemens Baudouin von Lyon. S. Fr. Kapp, Gesch. des deutschen Buchhandels. 1886. S. 459. Ein andrer ist Jacob Abel von Aarhuus, 1596 auf der Frankfurter Messe.

Pallmann, Feierabend. S. 128, 221.

11. Daniel Dechent (Decan) uns unbekannt.

13. Margaretha von Kronberg, geb. Brendel von Homburg, Schwester des Kurfürsten Daniel, war die zweite Gemahlin Hartmuds XI., verheiratet seit 1569. Sie starb 1588.

Johann Georg, ihr Stiefsohn, geb. 4. Febr. 1561 ward Mainzischer Rat und Oberamtmann in Höchst und Hofheim. Er vermählte sich mit Anna Margarethe von Dalberg. Er starb 9. Juli 1608.

Der später erwähnte Junker Hartmud ist entweder Hartmud XIV., geb. 1550, der Bruder Hans Jörgs und des späteren Kurfürsten Schweickard. Er heiratete gleichfalls eine Margarethe Brendel und starb als Oberamtmann am 21. Juni 1606. Oder es ist Hartmud XII., der von 1578—1608 Vicedom im Aschaffenburg war. (S. Ztschr. des Würzburger Altertumsvereins 26. S. 12. Anm. Jo. rer. Mog. I. S. 877, 878, 879.)

Vgl. Hübners geneal. Tabellen. Tl. II. Eine im Auftrag Johann Schweickards von Kronberg von Domvicar Georg Helwich verfaßte »Genealogia derer von Cronberg« will Bodmann (Rheing. Altert. S. 550) unter seinen Handschriften gehabt haben. Wenn sie existiert, so ist sie jedenfalls die beste Quelle für die Geschichte des Geschlechts.

14. Daniel Koch, wohl Jurist, aus Kranfeld (s. S. 19). Markgraf Karl II. von Baden-Durlach 1553—1577.

Magister Johann Stegmann wohl der Dechant am Kollegiatstift St. Peter und Alexander zu Aschaffenburg. † 20. Jan. 1588. Vgl. Heim, Wolfgang Erzbisch. und Kurfürst zu Mainz. S. 30. Nach Amrhein im Archiv d. hist. Ver. v. Unterfranken und Aschaffenburg. Würzbg. 1882. XXVI. S. 93, 118, 227, hieß er Nikolaus St. Vgl. auch J. May a. a. O. IV. S. 120 und 209.

Speirer Kanzler war bis 1580 Hieronymus Moser. Remling, Gesch. der Bisch. zu Speyer. II. S. 382.

15. Christof Faber Dr. u. jur., Kanzler von Mainz, s. Jo. rer. Mog. I. S. 873, 877 u. ö. Ein Anniversar für ihn, seine Frau Elisabeth und seine

Tochter Katharina Gossin an St. Emmeran, s. Severus. paroch. Mog. handschr. Nachtr. Der gleichnamige Kanonikus an St. Viktor (Sever. a. a. O.) mag ein Sohn von ihm sein. Im J. 1609 ist derselbe an der Mainzer Universität immatrikuliert. In dem Chron. St. Vikt. befinden sich folgende Notizen über den letzteren »nominatus a Domino Carolo Wilhelm turnario, 1610 9. octobris admissus, 1635 22. novembr. obiit.« Ob auch der in der Matrikel s. a. 1615 verzeichnete Marcus Faber Aschaffenburgensis sowie die an dem Aschaffenburger Kollegiatstift gleichzeitig vorkommenden Geistlichen Joh. Faber, Joh. Jakob und Nik. Faber mit dem Kanzler verwandt sind, ist zweifelhaft. Derselbe führte die Jesuiten am 16. Juli 1577 in das ihnen überwiesene Franziskanerkloster ein. In der rev. 1594 s. n. 1484 wird der »alte Kanzler« Faber noch erwähnt.

16. **Melchior Weifsenberger**, Lic. beider Rechte, Verfasser mehrerer juristischen Schriften, welche Draud S. 273 erwähnt. S. 402 ist er als Syndikus von Gelnhausen genannt. In Stölzels Verzeichnis der Studierenden aus d. Gebiete des späteren Kurfürstentums Hessen (Ztschr. d. Ver. f. hess. Gesch. und Landeskde, Kassel 1875. N. F. 5. Suppl.) ist er zweimal verzeichnet, als Melchior Weysenberger und Weyssenburger, Heidelberg 1540; Gelnhausen. bacc. Heidelberg, Marburg 1544. Im J. 1580 erschien von ihm in Frankfurt eine oratio in obitum M. Jo. Nicenii. Im J. 1581 gab er heraus »oratio in obitum Philippi Ludovici Comitis ab Hanaw et Rineck Domini in Muntzenberg etc., qui discessit Hanoiae pridie Februarii anno a nato Christo 1580.« Frankfurt b. Andreas Wechel. 8°.

Anm. zu 22.

Doctor Kauff war Rektor der Universität. Über seine Würden, sein Leben s. H. Knodt, historia univers. Mogunt. S. 31. Er war Behems Nachbar. Er bewohnte das Eckhaus hinten an der Druckerei zum Maulbaum »zu dreyen gassen anstossentt, gegen der Jesuiter Burfs, Eissenberger hoff vnnd hindern Rindsfufs vber mit seinem hof vnd gärtlein.« Visitatio von 1568. Ebenda No. 1109: »ein eckhaus oben beim eissenthurlein gegen der renthen und dem kauffhaus vber mitt einem steinen stockwerck, ist des hochgelarten herrn Dietherichs Kauffen doctori bewontt Bastian Ruhll kremer vmb ein zins.« Von demselben Haus heifst es in der vis. v. 1594: »steht itzo **Johan Diether Kauffen** Renthenschreibern zue, auch damals vermietet.« vis. 1568: »noch drey heuser vnden daran mitt ihrenn steinen stockwerckenn, gehören bemelts herrn Doctor Kauffen, stehen alle ledig vñd vnbewontt.« Im J. 1594 wohnte Joh. Dieth. Kauff hier. Auch in der Quintinsgasse besafs K. noch ein Haus. — Desgleichen wird er als Besitzer mehrerer grofser und schöner Gärten und Äcker erwähnt, welche nachher (1594) zum Teil in der Hand **Heinrich Kauffs**, also wohl eines zweiten Sohnes sind. Dr. Kauff starb am 25. September 1583. Seine Gemahlin **Barbara Debreit** war ihm bereits im Tode vorangegangen. Eine Tochter von ihm scheint Felicitas K. zu sein. (vis. 1594.)

*) Doctor Jörge, welcher zu dem Essen ein ganzes Kalb schenkt, scheint nicht Georg Witzel zu sein, sondern Dr. Georg Artopaeus † 1583 Dompfarrer. S. Severus, Parochiae Mog. 1768. S. 8 u. S. 64. In der visit. v. 1568 heißt er einmal (No. 70) kurz »Doctor Jörg Domprediger«, ein andermal »Doctor Jörg im Dom«, er bewohnte den Königsteiner Hof (No. 2049). Auch im Ratsprotokoll 1564 wird er bei Gelegenheit eines Prozesses wegen Verleumdung der Dienerin eines Organisten kurz Dr. Georg genannt. Das eigentliche Pfarrhaus, welches Artopaeus zustand, »eine behausung gegen dem haus zum großen Euncker über mit hof vnd garten« »zur pfar im yssen Chor im Thumb«, bewohnte der Domkapitular Franz von Rafsfeld; 1568 stand es leer. — cf. auch Knodt, Univ. Mog. S. 51. Ein Exemplar der Examinatio ordinandorum, ed. G. Wicelius 1543, auf der Mainzer Bibliothek, trägt auf dem Titelblatt folgende Verse von Artopaeus' Hand:

> »Sum liber Artopoei iusta ratione Georgi
> Me proprium dominus vendicat iste sibi 1544.«

Später kam es an die Bibliothek der Jesuiten, und mit dieser in die Stadtbibliothek.

³) Johann Bawer s. Anm. zu Br. 2.
⁴) Doctor Sachs unbekannt.
⁵) Jorge Weyler in der vis. 1568 als Besitzer von Weinbergen erwähnt, vielleicht identisch mit Georg von Weyler, Kanonikus zu Maria ad gradus und St. Viktor. Sein Brevier fand ich auf der Bibliothek zu Mainz mit dem Eintrag: »Georgius a Weiler Canonicus S. Victoris Divae Virg., St. Albani Mogunt. me iure possidet.« Aus dem Nachlaß kaufte es Albertus de Puteo, Vikar S. Albani. Über Weiler s. Jo. rer. Mog., von Gudenus. Archiv d. hist. Ver. v. Unterfranken und Aschaffenburg XXVI. S. 227.

⁶) Rentmeister und Gewaltsbote war 1568 Johann F a u s t. Er wohnte im Haus »zum Schaden«, was sich später im Besitz der Witwe Kaspar Behems befand. Das Haus »zum Hammerstein«, welches er vordem besessen hatte, gehörte damals den Jesuiten (Vis. No. 1198). Sein Sohn ist Franz Philipp Faust, kurfürstlicher Rat. Im Studentenverzeichnis von 1618 ist er zum Jahr 1569 als promoviert bemerkt. In demselben Verzeichnis finden sich noch Anton Faust 1565, Georg Friedrich Faust 1598, Johann Peter Faust 1566, Johann und Lorenz Faust 1567. Eine Tochter scheint zu sein Felicitas Faust, Witwe des Valentin Klettenberg 1591 (Severus, par. Mog. p. 34).

⁷) Adolarius ? .
⁸) Hensel von Worms ist vielleicht Hans Enloff genannt von Worms, der in der vis. 1568 erwähnt wird: »No. 946 ein eckbehausung an der kuffer oder sailergassen gegen d e m w e l d e n b o f f vnd zum esel vber mitt einem hoffle, hatt vnd bewonth Elisabeth weilandt Hansen Enloffs genannt von Wormbs seligen wittwe, ihr eigen.« Vielleicht ist er auch ein Verwandter des hochberühmten Holzschneiders A n t o n (W o e n s a m)

von Worms, welcher viel für P. Schöffer, P. Jordan und Quentell u. a. in Köln arbeitete.

S. über ihn Nagler, Monogrammisten I, p. 660. No. 1485. J. J. Merlos Monographie. Leipz. Weigel u. Nachtrag 1884 bei Barth, Leipzig. Ein Buchbinder »Martin von Worms« kommt vor im Mainzer Ratsprotokoll v. 1542. S. 85.

⁹) Peter Buctella identisch mit Peter Bozella od. Buzella vis. 1568. No. 976 seine Behausung stößt hinten ans Haus zum ewigen Nest; einen daran stofsenden »kram« verlieh er um Zins an Hans Behem gurtlers fraw. 1150 »ein eckbehausung ... gegen der druckerey vber mitt hoff, ist Peter Botzellenn, stet (1568) ledig vnd vnbewontt;« desgl. gehört ihm das Haus zum »blohen krebs.« (No. 2037.)

¹⁰) Caspar Schmuck, vis. 1568. No. 2 »ein haus vnd garten das ober eck gegen der (Vilzbacher) pforten, stost hinden aus gegen der stattmaur, ist herrn Caspar Schmicken gewesnen Renthschreibers eigen«, auch No. 1477.

¹¹) Adam Martini. In einer Urkde v. 1561 erwähnt. Nach der Vis. 1568 war derselbe Rentschreiber und hatte ein dem Nonnenkloster zu St. Agnes gehöriges Haus bewohnt. S. No. 721, 722. revis. 1594 No. 2089 heifst er »gewesner« Rentschreiber.

¹²) Magister Johann Wonhoff, nicht zu verwechseln mit dem älteren Dekan zu St. Viktor: Johannes von Hof. Über letzteren siehe Daels Chronik v. St. Viktor S. 107 und 201. Über unseren Mann ib. S. 293: »Joannes Vonhoff Weissenawiensis St. Crucis et St. Joannis Canonicus, facultatis philosophiae assessor.« Seit 1548 30. Juni Vikar des Altars St. Nicolai in St. Viktor. 1549 erhielt er die Erlaubnis auf 2 Jahre nach Rom zu gehen. Cornelius Loos teilt in seinem catal. ill. vir. 1581 mit, dafs er die Schriften des Johannes Gropperus und Eberhardus Biliklus besang. Er nennt ihn »vir perhumano et eleganti ingenio.« Im liber benefactorum eccl. St. Stephani (Handsch. in Mainz) heifst es von ihm: »M. Johannes Wonhoff Canonicus sancti Johannis dedit 8 fl. in moneta feria 3ta. post Corporis Christi anno 73 et pro meliori veste«; am Rand »obiit 31. Augusti 10. 87.« Todestag und -jahr auch bei Dael.

¹³) Johan Fischer, wohl Johannes Fischer Vicarius zu St. Viktor 1542—1565 († 17. Jan.) Chron. S. Vikt. v. Dael S. 243 und 288, wahrscheinlich derselbe, wie der Altarist zu Kiderich. S. Zaun Landkapitel Rheingau S. 121.

¹⁴) Hans Waltmann war 1566 und 1567 Alter des Rats (s. Ratsprot.), in der vis. von 1568 ist er bereits als gestorben verzeichnet: No. 195 im Revier Kirschgarten ein Garten »ist Johann Waltmanns wittib eigen«, desgl. 454 das Haus zum Frankenstein; auch 585. Ein Verwandter ist wohl Wilhelmus Waltman Mog. 1608 promov. Verzeichnis d. Studenten v. 1618.

¹⁵) Johan Bon war Wirt gewesen zum Schwan oder zum goldenen Schwan, 1568 war er Faktor im Kaufhaus und wohnte noch in der

ehemaligen Herberge. vis. 1568, 1116, 1159, 1294. Nach Severus par.
Mog. S. 38 hieß seine Frau Margareta geb. Ebersheim. Er war somit
wohl der Schwiegersohn des folgenden Gerh. Zim. Das Haus 1159 ist
20 1594 eigen dem Wilhelm Ebersheim, aber von dessen Bruder
Peter bewohnt.

**) Gerhard Zimmermann. Es ist Gerhard Ebersheim »Zimmerman und
werckmeisters, welcher sich unter der Kommission zur Aufstellung der visit.
1568 befand. Auch in der vis. 1568 heißt er einmal kurz Gerhard Zimmermann, s. 1258. Er wohnte damals gegenüber der Herberge zu den hl. drei
Königen, No. 1158, und war Eigentümer des Hofes zum Humbracht. 1578
s. Sever. Par. p. 174. 1579—82 ist er unter den Älteren des Rats. (Ratsprotok.) In dem liber benefact. eccl. St. Steph. heißt es:

Gerhard Eberßheim bawmeister	
Hans Zapp famulus ve: d. Lud: Carpe:	Dederunt pro introitu
Margreth de Hanaw fam. ve: do: Ludo. carpet.	50 fl. in alb. ex testa-
soluit vestem in vita	mento predicti dni.

Am Rand steht † 1583. 8. Dec.

Ludwig Ebersheim, der hier mit Ludo. Carpe. bezeichnet ist, war
1565 Rektor der Universität. Bei Knodt hist. univers. Mog. heißt es
von ihm »Ludovicus Ebersheim S. theol. Doctor cognomine Carpentarii.
† 1583. 8. Dec.«

¹⁷) Hans Zap. Es giebt zwei des Namens, beide Kürschner, wohl
Vater und Sohn, in der vis. 1568 durch »der alt« und »der jung« unter-
schieden. 1542 ist Joh. Zapf Kürschner unter den Bürgersöhnen, welche
tertia post Convers. Pauli den Eid schwören; 1564 ist er unter den
»Jungen des Rats«, desgl. 1566 und 67. (Ratsprot.). Nach der Vis. 1568
gehört er als Ratsverwandter zur Visitationskommission. — Über die Wohnung
s. vis. 619 und 621. — Der unter Gerhard Zimmermann genannte Hans
Zapp ist vielleicht identisch mit dem Zimmermann Hans Zapff genannt
Fhull od. Fül, Fhyll s. vis. v. 1568. No. 1261 u. 1660. Johann Zapff, der
Alte sowohl als der Zimmermann Hans Zapff, gehören zu den Brunnen-
meistern.

¹⁸) Paul gulden hirß ist Paulus Reinatus Wirt zum goldenen Hirsch
1568, ein vermögender Mann. vis. 1568. No. 322: »die herberg zum
gulden hirß (sonst Schawerburg genannt) vffen graben gegen der new-
thurnsgassen mitt einem stall sampt den vorgesetzten vnden dran stossent,
ist Pauli Reinati, hatt itzo Wilhelm von Julich angenommen vnnd bewonts
vmb ein zins.« Paul besaß ferner das Haus zur Ringeltaube, worin er im
J. 1568 selbst wohnte, das Haus zum Sternberg, zur goldnen Lederhose.
Jm Jahre 1550 beklagen sich die Vormünder der Kinder zum goldenen
Hirsch gegen Joachim Steinmetz (Ratsprot.).

¹⁹) Schweger Wolff meister, vielleicht Endres Wolf Steinmetz (Revis.
1594 und Severus, Par. Mog. S. 175 z. J. 1578).

²⁰) Hensel Bauer s. Anm. zu Br. 2.

²¹) Vetter Conradus s. Anm. zu Br. 2.

5*

⁷⁷) Schweger Peter Scherer. Peter Scherer vff dem leichhoff ist »V post Udalrici 1542« Zeuge bei Aufstellung eines Geburtsscheins; er bewohnte ein Haus bei Lützel St. Johann. In der vis. 1568 ist er bei No. 787 ff. als tot erwähnt. Seine Witwe, die Tochter »des alten stablers« wohnte beim Haus zum kalten Bad. vis. 1568. No. 1418. Scherer stammte nach der Notiz hiezu von Driedorf (Drittdorf). Ob er wirklich Scherer hiefs oder damit nur sein Geschäft bezeichnet war, fragt sich, doch ist das letztere wahrscheinlicher, da die Tuchscherer ihre »Schleiff« auf einem »gemein almentt vnnd rewel oder ingang zu dem almentt hinder lutzel St. Johann hatten. Dort wohnte auch der Scherer Jakob Seippel, vielleicht der Schweger Jakob. Oder ist dies der Kanonikus Jakob Bauer, dessen Tod am 4. Juni 1582 im lib. benef. vermerkt ist? Freilich wäre auffällig, dafs Jakob nicht unter vetter Conradus steht. — Ein Jakob Zettelmann Scherer wohnte »uffm leichhoff«. (Vis. 1568. No. 1928.)

⁷⁸) Die alte Frau Ratschreiberin kennen wir nicht.

⁷⁹) Schweger Philips bein bencken. Auch über diesen können wir nur Vermutung aufstellen, da sein Zuname fehlt. Sollte es der Buchdrucker Philipp Schreiber sein, der nach der vis. 1568 am Flachsmarkt wohnte (No. 1279)? Er würde dann der Dritte im Bunde der eingeladenen Buchdrucker sein.

Oder hatte die Kräm am Dom den Namen bei den Bänken? Dann wäre Schweger Phil. vielleicht der Säckler Phil. Klappenbach. vis 1568. No. 818.

⁸⁰) Spengel s. Anm. zu Br. 3.

⁸¹) Geyer s. Anm. zu Br. 3.

⁸²) Hans We(nde)l. So ist offenbar zu ergänzen. Er war Coberer d. h. Koffermacher, Sattler und wohnte im Haus »zum Salmen« (Vis. No. 980).

Seine Tochter Barbara ist Zeugin bei einem Prozefs (s. Ratsprotokoll 1550/51. S. 82).

⁸³) Adolarius (Hoig)le, anders schwerlich zu ergänzen. Philipp Hoigle war Wachtherr, Adolarius vielleicht dessen Sohn. Mehrere des Zunamens finden sich im Studentenverzeichnis v. 1618.

⁸⁴) Peter (Ledere)r tochter. Ein Leonhard L. war Formschneider. Auch in Nürnberg gab es einen Formschneider des Namens Lederer mit dem Vornamen Hieronymus. Derselbe wanderte aber nach Italien aus und starb in Genua 1615. S. über ihn Nagler, Monogrammisten. S. 475.

Wahrscheinlich sind einige Monogramme in Böhemschen Drucken den drei leider nicht genannten Formschneidern zuzuweisen, so

•VA• oder IAI oder ⊡ (s. Nagler; Monogram.

III, S. 182 und Würdtwein, bibl. Mog. p. 192), ferner ♭ (Nagler III, S. 178). Erstere drei Monogramme könnten — doch ist das reine Ver-

mutung — auf A d o l a r i u s H o i g l e·weisen, der dann wie L e d e r e i
Formschneider gewesen wäre. Ein vermutlich aus Sachsen stammender
und besonders für Hans Luft und Georg Rhaw in Wittenberg arbeitender
Xylograph (A. W.) hat fast dasselbe Monogramm wie Anton Woensam
v. Worms. Er starb wahrscheinlich v o r 1545. Über einen seiner Holzschnitte s. d. Verzeichnis der Behemschen Drucke z. J. 1543 und Nagler,
Monogr. I, S. 664. No. 1486.

⁵⁰) S c h w e g e r H a n s S c h n e i d e r. Auch hier fragt es sich, ob
Schneider der Zuname oder die Geschäftsbezeichnung des Verwandten ist.
Einen Hans Schneider finden wir nicht, wohl aber einen mehrfach als
Häuserbesitzer vorkommenden H a n s F i s c h e r S c h n e i d e r. (vis. v. 1568.
No. 1076, 1100, 1503, 1504) sowie einen.H a n s K r e b s, S c h n e i d e r (vis.
1559, 1587). Im Jahre 1594 gehörte das Haus No. 1587 der vis., am
Töngeshof der Witwe Kaspar Behems, welche es auch bewohnte; 1568
gehörte es Krebs, der selbst darin wohnte. Vielleicht aber ist Hans
Schneider jener F o r m s c h n e i d e r gewesen, der das Signet Behems ver-

fertigte und mit dem Monogramm ⊠ versah. Ob HSF u. SF, wie

es in Ferus Jobi historia sich findet, dem nämlichen Künstler zuzuweisen
und F als fecit zu deuten ist, darüber s. später d. Verz. der Drucke; auch
über HS — Hans Sauerdumm.

⁵¹) B e r n h a r d B e c k e r. Becker wohl nicht der Namen, sondern Ge-
werbebezeichnung. B e r n h. T h i l m a n n B e c k e r hat No. 1133 der vis.
inne und lebte noch 1596. Sev. p. 177.

⁵²) D e r P f a r r h e r r z u S t. I g n a z war 1563 (vis. 1568. No. 25)
Georg Scholl, wohl von Bingen stammend (Severus. S. 64), nicht zu ver-
wechseln mit dem Kanon. zu St. Stefan, Peter Scholl, welcher 1554 an
der Pest starb (lib. benef.) und dem noch früher verstorbenen (1548)
Dr. Bernhard Scholl, päpstl. Protonotarius (lib. ben. u. Daels Chron. v.
St. Vikt.).

⁵³) Hans Geysler als Besitzer von Äckern in der vis. 1568 erwähnt.

⁵⁴) Hans Petrj haben wir nicht gefunden, wohl aber einen Liborius
Petri und dessen Sohn Dr. Andreas Petri (vis. No. 1166). In der rev.
v. 1594 findet sich auch ein L. Anthonius Petri Schulteiß. Ein Philipp
Petri Student 1593.

Anm. zu 23 und 24.

Johannes Cochlaeus. S. über ihn Dr. K a r l O t t o, Johannes Cochlaeus, der Humanist. Breslau. 1874. Wetzer und Welte, Kirchenlexikon.
3. Bd. Besonders wichtig von älteren Werken: Documenta literaria varii
argumenti in lucem prolata cura J o h a n n i s H e u m a n n i iur. profess. in
academia Altorfina. Altorfii. 1758. (In der Bonner Bibl. das Exemplar von
B o d m a n n 1808). In der in diesem Werke befindlichen Commentatio
isagogica wird u. a. in einem Brief des älteren Bürgermeisters A n t o n

Tetzel von Nürnberg v. 1510 die Mutter und ein Bruder zu Schwabach erwähnt; letzterer scheint älter als Johannes gewesen zu sein, denn seine »meinung« über die Annahme der Rektoratsstelle bei St. Lorenz wird eingeholt und ist »es gar nit«, daß Johannes »allererst ein Schulmaister soll werden« und seine »peste Zeit mit der collasterey vertreiben soll.« Von seiner Mutter, zwei Neffen und einer Nichte schreibt er in einem auch sonst höchst interessanten und von dem edeln Charakter des Schreibers zeugenden Briefe. Ein schönes Zeugnis von dem selbstlosen Wesen desselben giebt Bernhard Adelman, Kanonikus in Augsburg in einem Br. an Pirkheimer 15. Juni 1517. (Pfeunt. doc. lit. S. 157.) Vgl. auch die späteren Briefe. An Wilibald Pirkheimer von Dresden schreibt er am 30. Juni 1528: »Ich habe zwei Neffen und eine Nichte bei mir; der ältere Neffe wird morgen von hier abreisen und zu meiner Mutter zurückkehren, zu der auch ich — so Gott will — in zwei Monaten kommen werde, um einen Monat bei ihr zu bleiben. Denn das ist nötig teils wegen der Einkünfte der Präbende zu St. Viktor (in Mainz) teils wegen Erledigung etlicher anderer Geschäfte dort. Wirklich am härtesten ist es für mein Gemüt, die Mutter so außer der Heimat im fremden Lande im Stich lassen zu müssen. Aber was hätte ich thun sollen? Zu Mainz war ungewisser Frieden, und ich konnte meinem Fürsten ehrenhafterweise meinen Dienst nicht abschlagen, wie er auch immer sein mag. Ich hegte die Hoffnung, meine Mutter könnte mit einem Gespann oder einer Kutsche hieher fahren; aber es hindert sie ein gewisses Unterleibsleiden. Ich muß also sorgen, daß sie dort anständig und angenehm leben kann.« (Doc. lit. S. 65.) Die erwähnten Neffen und die Nichte waren wohl die Kinder einer im J. 1524 an der Schwindsucht verstorbenen Schwester (s. Otto 189). In dem gleichen Briefe bemerkt er, daß er lieber seinen Vaternamen »Dobeneck« als Cochlaeus d. i. Wendelsteiner (aber oft verunstaltet von den Gegnern) tragen würde. S. hiezu auch comm. isagog. S. 42. Einen anderen Verwandten empfiehlt er am 7. März 1517 von Bologna aus seinem Freunde Pirkheimer mit folgenden Worten: »Ich habe zu Köln einen Verwandten, der gegen 5 Jahre Vorsteher der Schule in Schwabach war, ein braver und fleißiger Mann, der in Gesang und Wissenschaft genügend gebildet ist, um eine Schule zu leiten, von mäßiger Stimme und Statur. Er bat mich, ich möchte für ihn bei dir ein gutes Wort einlegen, daß du an ihn dächtest, wenn dort (in Nürnberg) eine Stelle an den Schulen vakant würde. Ich habe die Überzeugung, daß der Mann zu einem derartigen Amt wohl geeignet und brauchbar ist. Daher bitte ich dich, vorkommenden Falls an ihn zu denken. Frage übrigens auch andere, die ihn kennen; von Schwabach ging er nicht ohne Lob weg; ich habe auch dem Herrn Probst (wohl Antonius Krefs) seinetwegen geschrieben. Ich würde nicht schreiben und nicht bitten, wenn ich nicht glaubte, daß er wacker und brauchbar sein wird.« (Doc. lit. S. 16.) — So lange C. in Frankfurt war, führte seine Mutter ihm den Haushalt. Sie wußte mit den kargen Einkünften gut zu wirtschaften. Am 28. Jan. 1520 lobt er seine Mutter ob ihrer Sparsamkeit,

welche jede unnütze Ausgabe verhindere. (Heum. l. c. S. 42.) Mit Recht
preisen ihn seine Amtsbrüder glücklich, dafs er seine Mutter mit sich gebracht habe, während sie mit den ungetreuen oder mürrischen Dienstboten
gewähren müfsten. Daher ruft er aus: »Ich esse nirgends lieber, als zu
Hause.« (Brief v. 8. Febr. 1520. l. c. S. 45.)

Dantiscus, Johannes von Höfen aus Danzig, daher sein Name. Bischof
von Ermland † 27. Okt. 1548. Genaueres s. Wetzer und Welte Kirchenlexikon. III. 1884. S. 1396.

Erasmus von Rotterdam. Wetzer-Welte a. a. O. IV. 1886. S. 729
und über seinen Charakter besonders auch Janssen, a. a. O. I. und II.

Arnold von Wesel, eigentlich Arnold Haldrein geheifsen, Dr. theol.,
Kanonikus am Dom, gestorben zu Köln 30. Okt. 1534. Er besafs grofse
Kenntnisse in den klassischen Sprachen und dichtete auch in denselben;
seine Forschungen betrafen besonders Gellius und Macrobius; in der Theologie beschäftigte er sich besonders mit der Verehrung der Heiligen und
deren Reliquien. Vgl. Hartzheims Biblioth. Colon. S. 23. S. Allg. deutsche
Biographie. S. 583 u. Jöcher. I, 558.

Johann von Kampen, aus Overyssel, Professor der hebräischen
Sprache zu Löwen. Verfasser einer hebr. Grammatik und einer gerühmten,
öfters erschienenen Paraphrase der Psalmen und des Koheleth. Er starb
auf einer Reise an der Pest 6. Sept. 1538 in Freiburg i. Br. Jöcher. II,
1913. Allg. deutsche Biographie. III. S. 739.

Eobanus Hessus bekannter Erfurter Humanist. S. Krause, Helius
Eob. Hessus. Gotha, 1879.

4. Teil.

Verzeichnis der Behemschen Drucke.

Der Einfachheit des Druckes wegen sind die Titel nicht in der sonst bei bibliographischen Verzeichnissen üblichen Weise faksimiliert.

1540.

Hortatio ad ineundam in Ghristiana religione Concordiam. Per Fridericum Nauseam Blancicampianum Doctorem, Episcopum Viennen. designatum, Romanorum, Hungariae, Bohemiaeque etc. Regis et Archi-Ducis Austriae etc. Ferdinandi a sacris studiis et consiliis. Ad universos in colloquio Wormatiensi congregatos Theologos et Oratores. Moguntiae ad Divum Victorem excudebat Franciscus Behem. 1540. 4°. 10 Bl. Das letzte leer. Auf der Rückseite die Concupiscencia.

1541

1. Joannes Arnoldus Bergellanus. De Chalcographiae inventione poëma encomiasticum. Moguntiae ad D. Victorem excussum a Francisco Behem anno 1541. kl. 4°. 12 Bl. Holzschnitt auf dem Titel: drei arbeitende Buchdrucker, darunter Verse, die Helbig, Archiv für hessische Geschichte III, 3 S. 13 abgedruckt hat. Vgl. auch Prosper Marchand, histoire de l'imprimerie, la Haye 1740. 4 S. 11—17. Nach freundlicher Mitteilung des Herrn Helbig ist das letzte Blatt auf der Vorderseite leer; die Rückseite hat die Concupiscencia.

Helbig besitzt ein Exemplar, ein anderes die kaiserl. Bibl. in Wien.

Ein noch früheres Lobgedicht über die Druckkunst teilt Fr. G. Freytag Analecta litteraria de libris rarioribus Leipzig. 1750. S. 439 mit aus M. Heinrichs v. Nordheim Sophologia de originibus artium etc. vermutlich bei Wolfgang Schenk in Erfurt c. 1500.

2. Joannes Cochlaeus. De ordinatione Episcoporum atque presbyterorum et de Eucharistiae consecratione quaestio hoc tempore pernecessaria. Excussum Moguntiae apud S. Victorem in Officina Typographica Francisci Bohemi 1541. 4°. Vgl. Jo. rer. Mog. III, 421.

3. Joannis Cochlaei. De vera Christi ecclesia quaestio necessaria ad Caes. Majestatem ut Ratisponae in conventu

imperiali discutiatur. Moguntiae ad Divum Victorem excudebat
Franciscus Behem. 1541. 12°.
Die Concupiscencia.
Exemplar in der Stadtbibliothek zu Frankfurt am Main. Dasselbe war
früher in der Bibl. des Karmeliterklosters. N o : Theol. Pol. 954. Vgl.
Helbig, Archiv f. hess. Gesch. II, 496.

4. Ein christliche lere, zu gründlichem und bestendigem
underricht des rechten glaubens und eines gotseligen wandels
durch den hochwirdigen in Got Fürsten und herrn, herrn
Johansen bischofen zu Meysen, allen frommen Christen und
insonderheit seinem bevolhenem volck zur besserung furgestelt.
Gedruckt zu S. Victor ausserhalb Mentz durch Franciscum
Behem. 1541. 4°.
Herausgeg. von Moufang, Katechismen, Mainz. Johann VIII. von
Maltiz, Bischof von Meifsen 1518—49.

5. Georg Wizel. Quaestiones catechisticae lectu iucundae
simul, et utiles, authore Georgio Wicelio. Psal. CXVIII.
Multiplicata est super me iniquitas superborum, ego autem in
toto corde scrutabor mandata tua.
Excusum Mog., apud S. Victorem, in officina Francisci
Bohemi. 1541. 38 Bl.
Die Vorrede datiert »Ursinae seu Berlinl 1539.« W. sagt darin: »non
sine adminiculo F. Andreae Sonnebergij« käme »Hagiologij bona pars«
bald heraus.
Auf der letzten Seite Holzschnitt: Ein Engel schreibt knieenden
Männern p auf die Stirne, mit Stellen aus der hl. Schrift Ezech. IX. etc.
Siehe auch Moufang, a. a. O. S. 48. Helbig a. a. O. III, 3, S. 14. Neue
Ausgaben 1543, 45 etc.

6. Onomasticon ecclesiae. Die Tauffnamen der Christen,
deutsch vn Christlich ausgelegt, durch Georgium Wicelium.
Lucae Cap. I Innuebant autem patri eius, quid vellet vocari
cum etc.
Cum gratia et Privilegio Caesareo 1541. 4°. 68 Bl. Auf
dem vorletzten: Gedruckt zu S. Viktor bey Mentz, durch Franciscum Behem.
Auf der Rückseite Signet wie bei No. 5. Titelbordüre mit Wappen und
Monogramm des Druckers. — An 2 Säulen hängen Wappen, links eine
Schale, darüber ein von 2 Pfeilen durchschnittenes Herz, darüber G. W;

(Georg Wicel), darunter Mar. 4., rechts das Monogramm Behems

auf belde Wappen deuten Knaben mit Stäben. Unten halten 2 Knaben
ein Wappen, welches in 4 Felder geteilt ist, von denen je 2 den doppelten
Adler, je 2 eine Henne zeigen, in der Mitte befindet sich ein Schild mit
geradem Kreuz. — Mainzer Stadtbibliothek: »lib. coll. Mog. Soc. Jesu
17. Febr. 1576. 3 alb.« — Vgl. S. 8.

7. Georg Wicelii typus ecclesiae prioris. Anzeigung, wie
die heilige Kyrche Gottes, inwendig siben und mehr hundert
jaren, nach vnsers Herrn Auffart, gestalt gewesen sey. Durch
Georgium Wicelium Orthodox. Reichlich gemehret vnd von
newem gedrückt. Cum gratia et privilegio Caesareo. 1541.

Wappen mit kaiserl. Doppeladler und Hennen. Es ist dem Bischof
Johann von Fulda gewidmet. Vorrede, datiert von Würzburg 7. Juni 1540.
Auf S. 73 neuer Titel: Der heiligen Messen brauch, wie er in
der alten Kyrchen vor tausend jaren gewesen. Aus S. Joan.
Chrysostomo verdeutscht. Die Vorrede datiert von Berlin 24. Sept.
1539. — 90 Bl. Monogramm Behems wie bei No. 6. — Mainzer Stadtbibl. Spätere Aufl. 1559 und andre Teile 1552, 56, 58.

8. Ritus baptizandi, wie man vor etlichen 100 Jahren die
Kinder auf gewöhnliche Zeit der heiligen Ostern in Christi
Catholica Kirch getaufft hat newlich in einem alten geschribene
buch der Fuldischen Liberey latinisch funden vnd zu ädification
der Christenheit durch G. Wicel verdeutscht.
Gedruckt zu S. Victor ausserhalb Mentz durch Franciscum
Behem 1541. 4°. 18 Bl.
Frankfurter Stadtbibl. aus der früheren Dombibl.
Schaab, Gesch. der Erf. der Buchdr. I. 600 hat falsch »Joan Behem.«

9. Vicelii Georgii Hagiologium seu historiae de sanctis
Ecclesiae etc.
Moguntiae ad Divum Victorem excudebat Franciscus Behem.
1541.
Mainzer Stadtbibl.

10. Wicelii G. Odae Christianae. Etliche Christliche Ge-
senge, Gebete und Reymen, für die Gottesförchtigen Läyen.
1541. 8°.
Zu S. Victor ausserhalb Mentz druckts Franc. Behem.
S. Wackernagel, Kirchenlied. 757 u. Beck, Geschichte des kathol.
Kirchenliedes. Köln. 1878. S. 156 ff.

11. Georg Wicel, Hundert vnd mehr Heiliger Lection,
aus allen Propheten, zur Besserung der Christen gesammelt.
1541. 8°.
Mayntz durch Franz Behem.
Helbig a. a. O. III, 5, S. 14.

1542.

1. Idiomata quaedam linguae sanctae, in Scripturis Veter.
Testament, observata per Georgium Wicelium.
Cum gratia et Privilegio Imperiali. Moguntiae ad Divum
Victorem excudebat Franciscus Behem anno 1542. 12°. 67 Bl.
Signet: Concupiscencia.

2. Georgii Wicelii praeconium Evangelicae Gratiae per
Christum factae. Item epistola de libero arbitrio.
Excudebat ad Divum Victorem Franciscus Behem. 8°.

3. Catechismus. Instructio puerorum ecclesiae, non minus
sana, quam succincta.
Moguntiae. Ad divum Victorem excudebat Franciscus
Behem. Per Georgium Wicelium. Anno 1542. 8°. Mainzer
Seminarbibl.

Übers. von Moufang, Kathol. Katechism. des 16. Jahrh. in deutscher Sprache. Mainz, Kirchheim.

~ 4. Catechismus Ecclesiae. Lere und Handlung des h. Christenthums. Auß der warheit göttlichen worts kurtz und lieblich beschrieben, reichlich gemehrt und durchaus gebessert. Auch geziert mit schönen Figuren. Durch Georgium Wicelium. Gedruckt in St. Victor bei Meintz durch Fr. Behem. 1542. 8°. 282 Bl. 32 Holzschnitte.

Dasselbe Werkchen war zuerst 1535 in Leipzig bei Melchior Lotter, dann 1536 ebenda und in Freiburg i. Br. in demselben Jahre »durch Joannem Fabrum Emmeum Juliacensem« gedruckt. Die 2. Aufl. erschien in kl. 8°. 1545. Moufang, Mainzer Katechismen. 1877. S. 51.

~ 5. Christliche Lere, zu gründtlichem vnterricht des rechten Glaubens, vnd Gotseligen wandels, Durch den Hochwirdigen in Got Fürsten vnd Herren, Herrn Johansen Bischofen zu Meyssen, allen fromen Christen, vnd in sonderheit seinem befolhenő Volck, zur besserung fürgestelt. Auch gezieret mit schönen Figuren. Gedruckt zu S. Victor bey Mentz, durch Franciscum Behem. Anno 1542. Cum Gratia et Privilegio Caesareo. 12°. Neuausgabe des Werkes von 1541. Titel zum Teil in Rot.

Im Besitze des Herrn Franz Heerdt in Mainz, der es mir durch die gütige Vermittlung des Herrn Landgerichtsrats Dr. Bockenheimer freundlichst zur Benutzung überliefs. Das Werkchen hat 160 gezählte Blätter und 13 Holzschnitte, welche Darstellungen zu den Glaubensartikeln und Geboten bieten, zum Teil schön: 1. Gott erschafft die Welt (Kugel mit Bergen, Wäldern, Sonne, Mond, Sternen, Regenbogen, Winden, Wolken). 2. Christus am Kreuz mit Johannes und Maria, am Kreuzfuß Totenkopf. (Schön.) 3. Aussendung des hl. Geistes. (Schön.) 4. Moses empfängt die Gesetztafeln, die Juden umtanzen zum Klang von Schalmeien das goldne Kalb. Rechts unten in der Ecke scheint ein Monogr. angegeben zu sein, etwa liegendes S. 5. Zum 2. Gebot: rechts 3 Männer, einer davon hält einen Stock mit der rechten Hand vor sich; vor ihm kniet ein schwörender Mann, hinter diesem stehen Leute — wie es scheint — mit Steinen in der Hand; im Hintergrund Landschaft. (Schön.) 6. Zum 3. Gebot: Auf einer Kanzel an der Aufsenseite der Kirche predigt ein Geistlicher, dem Männer und Frauen ruhören, während im Hintergrund 2 Männer knechtische Arbeiten verrichten. 7. Zum 4. Gebot: Noah und seine Söhne. Rechts unten am Beine des einen Sohnes vielleicht Monogr. S. 8. Zum 5. Gebot: Kain erschlägt Abel. 9. Zum 6. Gebot: David und Bethsabee. (Originell.) 10. Zum 7. Gebot: Ein Geiziger (od. Dieb) vergräbt seine Schätze unter einem Zelt. Links unten ein Schnörkel, der vielleicht Monogramm ist. 11. Zum 8. Gebot: Falsche Zeugen beschuldigen ein vom Henker gefesseltes Weib vor dem Richter. 12. Zum 9. Gebot: Zwei Hirten schelden ihre Schafe an der Tränke. 13. Zum 10. Gebot: Putiphars Weib.

Auf der letzten Seite die Darstellung der Concupiscencia mit dem Monogramm **F̷**.

~ 6. Auslegunge des Propheten Haggei vom Bawe Göttlichs Hauses, das ist, christlicher Kirchen. Durch Georgium Wicelium.

Gedr. zu S. Victor bey Mentz, durch Francisc. Behem.
Anno 1542.
Holzschnitt: Ein Weib hält ein Schiff am Tau.
Am Schluß Monogramm.
Mainzer Stadtbibl.

7. Georg Wicelii Postill, oder gemein Predig auf die
Episteln vnd Evangelien von den Heiligen Gottes, durchs Jahr,
samt der Passion Jesu Christi grundlich ausgelegt, gedruckt zu
S. Victor bey Mentz durch Franc. Behem, 1542. 1. Teil in
fol. Der 2. Teil dieses mehrmals aufgelegten Werkes erschien im
folgenden Jahr.

1543.

1. Postill. Epitome homiliarum Dominicalium. Auslegung
aller Evangelien auf die Sonntag durchs gantze Jar von Georgio
Wicelio, vormals im druck dieser gestalt nie ausgangen. Bey
Frantz Behem. 1543. 4°.

2. Paraphrastica meditatio in S. S. precationes dominicas
von L. Dickius. Moguntiae. Behem. 1543. 8°. mit schönem
Holzschnitt: Christus am Kreuze, umgeben von einer Herde Schafe. Rechts
unten ein kleines Monogr. A W bedeutend, s. über dasselbe Nagler, Monogr.
I, 662 ff. u. oben S. 69.

1544.

1. Ordinandorum examinatio. Quid ad interrogata Cen-
surae Moguntinensis de re Ecclesiastica a Candidatis sacri Ordinis,
quam brevissime responderi possit: Authore Georgio Wicelio.
Cum Gratia et Privilegio Caesareo. Moguntiae, ad divum
Victorem excudebat Franciscus Behem. Anno 1544. 12°. 63 Bl.
4 Holzschnitte. Monogramm Behems.
Von S. 39 an: Appendix de Liturgia.
Mainzer Stadtbibl. 2 Exemplare.

2. Disputatio Christianorum et Judaeorum olim Romae
habita, coram Imperatore Constantino, cum praefat. Georgii
Wicelii.
Moguntiae, ad diuum Victorem, exc. Franciscus Behem.
Anno 1544. 4°. Monogramm.
Mainzer Stadtbibl.

3. Parallela. Affinia quaedam et aliquo modo correspon-
dentia ex nostris, hoc est Sacris et gentilium libris. Authore
Georgio Wicelio. Cum Gratia et Privilegio Caesareo. Moguntiae ad Divum Victorem excudebat Franciscus Behem. Anno
1544. 12°. 54 Bl.
Würdtwein, Bibl. Mog.

4. Joh. Ferus. Examen ordinandorum, ad quaestiones s.
ordinum candidatis in diocesi Moguntinensi proponi consuetas
aptae et piae responsiones, catholicam veritatem succincta brevitate indicantes. Behem. 1544.
u. öfters.

5. Joannis Hoffmeisteri Canones ad interpretandum S. Scripturam. 1544. Behem.
Würdtwein, Bibl. Mog.
Über Joh. Hoffmeister siehe Pantaleons Prosopographiae heroum.
Basel 1565, zum Jahre 1541. S. 287.

6. Elenchus quaestionum sacrorum ordinum candidatis apud Moguntiacum proponendarum in ipsorum adeoque totius Cleri gratiam d e n u o cum praefatione excusus. — Accessit in primam Censuram Gerardi Isingii Hypomnematicon, quod inter caetera Regesta repositum ipse sibi priuatim ex Bibliis et maiorum gentium Theologis confecerat: sed nunc efflagitantibus studiosis, ut erat αὐτοσχεδιαστικὸν in publicum dari passus est.
Cum gratia et Privileg. Caesar. Anno 1544.
Vorrede: Adamus Kuchenmeister a Gambergk, Metropolitanae Ecclesiae Mogunt. scholast., Sacrorum ordinum candidatis S. P. 88 Bl.
Moguntiae, apud Div. Vict. excud.
Franciscus Behem. Anno 1544.
Monogramm.
Mainzer Stadtbibl.

7. Conclusiones de sacrosancto Missae sacrificio, et communione laica, R. Vauchop Schoti Theologi Parisiensis, nunc Ingolstadii. I. Timoth. 3. Math. 16. Ecclesia Dei etc. Anno 1544. 12°. 24 Bl.
Mog. ad div. Vict. excud. Fr. Behem.
Monogramm.

1545.

1. Joannes Cochlaeus, De auctoritate et Potestate generalis concilii testimonia XXX solida ac merito irrefragabilia in quintuplici differentia. Confutatio XXX Propositionum quae Wittembergae disputatae sunt. LXX Propositiones pro Conciliorum generalium auctoritate; excusum ad S. Victorem mense Septembri, apud Franciscum Behem. 1545. 8°. 46 Bl.
S. Helbig, Archiv f. hess. Gesch. III, 3, S. 16.
2. Hoffmeisterus Joann. Ord. S. Augustin Colmarien. Verbum Dei carnem factum, hoc est, Jesum Christum Servatorem nostrum Ecclesiae suae unicum propiciatorium ac perpetuum esse Sacrificium, Assertio. Item expositio Precum ac Ceremoniarum, quarum usus in quotidiano Sacro. — Heb. 7. Apocal. 13. etc. 1545. 4°.
Auf der ungezählten vorletzten Seite des Anhangs: Excusum Moguntiae, ad D. Victorem in officina Typographica Francisci Behemi.
Signet: Pelikan, Umschrift: Sic his qui diligunt. Monogr.: wie oben S. 69 nicht von Hans Schäufelin. Auf der letzten Seite die Concupiscencia mit Behems Monogramm. Einzelne schöne Initialen z. B. Landsknecht mit Fahne. Die Vorrede datiert 1. März 1545 von Worms, wo Hoffm. im Hause des Dekans Georg von Neypperg wohnte.

Mainzer Stadtbibliothek. Das Exemplar wurde 1583 den Jesuiten geschenkt von dem Kanoniker Joh. Schwaiger an der Liebfrauenkirche zu Frankfurt a. M.

3. Drey christliche und nützliche predigten gethan zu Worms im Thumstifft durch Bruder Johann Hoffmeister Augustiner Anno 1545. Zu Mentz bey S. Victor druckts Franciscus Behem 1545. 4°.

4. Hoffmeister Jo., Canones sive claves aliquot ad interpretandum sacras Bibliorum Scripturas omnibus S. Theologiae candidatis non tam utiles, quam necessariae, F. Joanne Hoffmeystero Augustiniano Colmarien. Ecclesiasta collectore. Psalm. CXVIII Declaratio sermonum tuorum etc. 1545. Titelbordüre: Je ein Mann und ein Weib mit Kindern an der Hand. Auf der Rückseite des Titelblattes das Signet: Pelikan, Sic his etc.
Die Widmung an D. Val. Wetzel, Prior des Benediktinerklosters in Reichenbach, dat. Wormatiae 3 Martii 1545. 52 Seiten. 4°.
Mog. ad Divum Vict. excud Franc. Behemus. 1545.
Auf der letzten Seite die Concupiscencia.
Neue Auflage des Werkes von 1544.

5. Wicelius Georg. Die allerheiligste historie der passion unsers herrn Jesu Christi, aus beschreibung aller vier Evangelisten in einem text zusammen gebracht und christlich ausgelegt.
Zu Mentz bey S. Victor durch Franciscum Behem. 1545.

6. Catechisticum examen christiani pueri ad pedes Catholici Praesulis: denuo, sed emendatius excusum. Accessit imago vitae humanae ex S. Aur. Augustino. Auctore Geor. Wicelio.
Moguntiae ad Divum Victorem excudebat Franciscus Behem 1545. 8°.
Erste Auflage bei Ivo Schöffer 1541 gedruckt. Vgl. Moufang, a. a. O. S. 49.

7. Der Gros Catechismus Georgii Wicelii new zugericht und abermals durchaus gebessert in kosten und verlag des Ersamen und achtbaren herrn Peter Quentels buchdrucker und burger zu Cölln truckts Frantz Behem zu sanct Victor bey Meyntz. 1545. kl. 8°. 234 Bl. u. 30 Holzschnitte. Die 2. Aufl. des Katechismus v. 1542. Lateinische Übersetzung 1554 und 1556 bei Quentel.

1546.

1. Statuta et Decreta synodi Dioec. Argentorat. Moguntiae, Franc. Behem, 1546. fol.
Helbig, a. a. O. II, S. 497.

2. Neue Auflage des Typus prioris Ecclesiae von G. Witzel: »Form vnd Anzeigung, wie die heyl. Cathol. Kirche Gottes vor tausent mehr vnd weniger Jaren in aller Christenheyt regiert vnd geordnet gewesen sei. Hiezu ist das ander theyl dieses gar nützl. wercks kommen, so vormals nie durch den Druck aussgangen. Sampt der Missa S. Johan. Chrisostomi Deutsch vnd altem

brauch der heyl. Tauffe. Durch Georgium Wicelium. In Kosten
des Ersamen und Achtbarn Herrn Peter Quentels Buchtruckers
vnd Bürgers zu Köln Truckts Franciscus Behem zu Sanct Victor
bey Meyntz 1546. 4°.
Signet: Concupiscencia.
Mainzer Stadtbibl.

3. Georgius Wicelius. Postill oder auslegung catholischer
lehr über alle episteln und evangelien aller sonn- und hohen
festtag des ganzen Jahrs.
Verbesserte und vermehrte Auflage mit besonderem Ge-
beter auf alle sontag und feste. Sommer theil. fol.
Mayntz druckts Frantz Behem bey St. Victor auf kosten
Peter Quentels zu Cölln 1546.
Würdtwein, a. a. O. Vgl. 1543.

4. Georgius Wicelius. Postill oder Gemeine predig echter
catholischer lehr über alle episteln und Evangelien von den heiligen
Gottes. Sommer und winter theil. fol.
Mayntz druckts etc. wie oben. 1546.
Vgl. 1542 No. 7.

5. Quid ad interrogata etc. Neue Aufl. der Examinatio
Ordin. von 1544.
Impensis integerrimi viri D. Petri Quentel civis Colonien.
excudebat Franciscus Behem ad S. Victorem Anno 1546.
Würdtwein a. a. O.

6. S. Basilii Magni Liturgia cum praefatione Georgii
Wicelii. 1546. 8°.
Würdtwein a. a. O.

7. G. Wicelius. In quaestionem de igne purgatorii, ad-
dita quaedam, ex ecclesiae scriptoribus. Moguntiae. 1546. 8°.
Helbig, III, 3, S. 16.

8. J. Cochlaeus, De auctoritate etc. 12°.
Neue Aufl. v. No. 1, 1545.
Helbig, II, S. 497.

9. Quadragesimale catholicum. Mainz bei St. Victor.
1546. fol.
Wiesbadener Landesbibl.

1547.

Vom Gotsdienst der Synagog nach dem Gesetz Moysi
auß dem ersten theil der Annotaten Georg. Wicelii in die
newverdeutschte Bibel geschrieben Anno 1536. Gedruckt zu
S. Victor durch Franciscum Behem bey Meyntz. Anno 1547.
4°. 12 Bl.
In kosten vnd verlag des Achtbarn Hrren (!) Johan Quentel
zu Cöln.
Truckts Frantz Behem zu Meyntz.
Concupiscencia.

1. D. Conradi Bruni Jure consulti opera tria, nunc primum aedita. De legationibus libri quinque: cunctis in repub. versantibus, aut quolibet magistratu fungentibus perutiles, et lectu iucundi. De Caeremoniis libri sex: ad veram pietatem deique cultum, contra errores et abusus, uiam ostendentes. De imaginibus liber unus: ex omni disciplinarum genere copiose disserens etc. Plura deinceps eiusdem authoris opera, in Mercatu proximo Deo propitio aedentur. Ex off. Franc. Behem Typogr., Mog. apud S. Victorem 1548. fol.

Concupiscencia. In der Mitte das Signet: Pelikan.
Mense Augusti.
Mainzer Stadtbibl.

2. Separat: D. Conradi Bruni Jure Consulti Ducum Bavariae Cancellarii de Coeremoniis libri sex. Cultus Dei ac pietatis antiquae speculum et insigne monumentum.
Ex officina Francisci Behem etc. fol.
Würdtwein a. a. O.

3. Separat: De imaginibus D. Conradi Bruni Jure Consulti Cancellarii Landeshutensis in Bavaria Catholica Germaniae provincia adversus Iconoclastas. Huic libro idem Typographus Franciscus Behem adjecit: Walafridi Strabonis, de exordiis et incrementis rerum Ecclesiasticarum libri unius caput VIII nec non ex libro Joannis Cochlaei in Henricum Bullingerum, de Sanctorum invocatione eorumque imaginibus caput XVI. kl. fol.
Würdtwein a. a. O.

4. Separat: D. Conr. Bruni Jure Consulti de Caeremoniis Capitula tria e tribus eius libri I, III et VI excerpta. Apud S. Victorem.
Moguntiae per Franciscum Behem Typographum. 1548. 8°.
Würdtwein a. a. O.

5. Conradus Brunus, Introductorium de Haereticis. Mog. Franc. Behem. 1548. 8°. 34 Bl.
Helbig, III, 3, S. 17.

6. Joannis Cochlaei Canonici Vratislaviensis duo Sermones de Beata Virgine Maria Dei Genitrice nostra Domina. Unus S. Hieronymi in eius laudem, alter Martini Lutheri in eius iniuriam, qui divinis est scripturis confutatus, apud S. Vict. Moguntiae 1548. 8°.
Mainzer Stadtbibl.

7. Jo Cochlaeus: De templo Salomonis mystico tractatus insignis, quem Egregius praeco verbi Dei Wolfgangus Sedelius Concionator Ducalis, Populo Monacensi magna dexteritate per

Homelias fructuose ac luculenter praedicavit. Nume. XI. Quis
tribuat, ut omnis populus etc.
Apud S. Victorem prope Moguntiam excudebat Franciscus
Behem. 1548. 12°. 139 Bl.

Vorrede an den Bischof von Breslau Balthasar von Promnitz 1539-
1562, wichtig; sie ist datiert von dem Viktorsfort aus 14. Aug. 1548. -
Sedelius verfaßte auch den in Dillingen 1559 erschienenen »geistlichen
Layenspiegel zur Verhütung gefehrlicher Irrthumb vnd Erhaltung des wahren
Glaubens.« 3 Tle.
Auf dem Titel des Mainzer Exemplars: lib. colleg. Magunt. Soc. Jesu
1576. 17. Febr.

~ 8. Ex compendio Actorum Martini Lutheri caput
ultimum, et ex epistola quadam Mansfeldensi, Historica narratio:
una cum Annotationibus alterius epistolae, de eiusdem Lutheri
ultimis Actis et vitae Exitu. Ad Philipp. III. Multi ambulant,
quos saepe dicebam vobis etc. 1548.

Vorr. an den Lütticher Kanonicus Theod. Hezius. Am Schluß derselben: »Bene vale, et quae propediem ex Affinis mei officina missurus
sum recens excusa D. Bruni, Catharini, et Sedelii opera, verae pietatis et
pacis monimenta contra istas errorum et discordiae faces: benigno, precor,
accipe, animo. Ex Castello S. Victoris prope Moguntiam Die XXIII
Augusti 1548.«
Franciscus Behem excudebat Die XXI, Mensis Julii, 1548. 38 Bl. 12°.
Mainzer Stadtbibl.

~ 9. (Cochlaeus.) De persona et Doctrina Martini Lutheri,
Judicium fratris Ambrosii Cathirini Politi, Patriae Senensis,
dignitate Episcopi, eruditione praecellentissimi: Germanis sumo-
pere consyderandum, et e tribus eius operibus compendio ex-
cerptum.
I. Ex Apologia eius, quae quinque habet libros, aedita anno
Domini 1521 Florentiae.
II. Ex eiusdem excusatione, quae quatuor continet Libros,
aedita eodem anno.
III. Ex eiusdem consyderatione, quae ibidem quatuor con-
tinet Libros, recens aedita nuper Venetiis Anno Domini 1547.
IV. Reg. VI. Domine aperi oculos etc.
Schluß der Vorrede: »Ex vico S. Vict. prope Mog. Pridie
Idus Martias, Anno Domini 1548.«
Apud S. Vict. prope Mog. excudebat Fr. Behem Die
30. Martii 1548. 12°. 99 Bl.

. Ambrosius Catharinus-Lancelot Polito, † als Erzbischof von Conza
8. Nov. 1553. Die »Apologie für die Wahrheit des Glaubens« schrieb
er als Novize. S. auch Freytag, analecta litt. p. 694.
Mainzer Stadtbibliothek und Helbig. Selten!
Das Mainzer Exemplar hat denselben Vermerk seiner Herkunft wie No. 6.

~ 10. Johannis Calvini in acta synodi Tridentinae Censura,
et ejusdem Brevis Confutatio circa duas praecipue calumnias,
per Joh. Cochlaeum, Elenchus Capitulorum e Sex Libris D.
Conradi Bruni, De Concilio Universali.

Apud S. Vict. prope Mogunt. ex officina Fr. Behem Typo
graphi. 1548. 12°. 40 Bl.
 Die Vorrede an den Trienter Kanonicus Erasmus Strenberg datiert
,Ex Castello S. Vict. prope Mog. Die 20. Aprilis Anno Domini 1548.«
 Mainzer Stadtbibl. und Helbig.

1549.

1. De interim brevis responsio Jo. Cochlaei ad prolixum
convitiorum et Calumniarum librum Johannis Calvini. Apud
S. Vict. prope Mog. exc. a. Fr. Behem. 1549. 8°.
 Helbig a. a. O. II, S. 497.
2. Jo. Cochlaeus: De auctoritate ecclesiae et scripturae
in Calvini errores et Blasphemias Iterum 1549.
Apud S. Vict. prope Moguntiam, excudebat Franciscus
Behem. Die 27. Aprilis. 8°. 56 Bl.
 Helbig, a. a. O. III, 3, S. 17.
3. Jo. Cochlaeus: De sacris reliquiis Christi et Sanctorum
eius, brevis contra J. Calvini calumnias et blasphemias responsio.
Apud S. Victorem. 1549.
 Katalog der Bibl. des † Prof. Floß in Bonn. II. 1881. S. 125.
4. Commentaria Joannis Cochlaei, de actis et scriptis
Martini Lutheri Saxonis, Chronographice, ex ordine ab
anno Domini MDXVII usque ad annum MDXLVI inclusiue,
fideliter conscripta. Adjunctis Duobus indicibus, et edicto Wor-
maciensi.
 Pars altera, quae est de dogmatibus et sermonibus Lutheri,
non potuit ad has nundinas excudi.
Apud S. Victorem prope Moguntiam, ex officina Franc.
Behem Typographi 1549. fol.
 Signet: Pelikan etc.
 Mainzer und Frankfurter Stadtbibl.
5. Joannis Cochlaei Historiae Hussitarum libri duodecim
operose collecti ex variis et antiquis tum Bohemorum tum ali-
orum Codicibus antea nunquam excusis.
 Quibus adjecti sunt: Duo de septem Sacramentis et de
Ceremoniis Ecclesiae tractatus duorum Bohemorum Joannis
Rokyzanae et Joannis Przibram: cum Philipica (!) septima
Joannis Cochlaei, de publica Caroli V Imper. ordinatione, quae
vulgo Interim dicitur. Cum indice et correctorio in supradict.
XII libros historiae Hussitarum (editio prima).
Apud S. Victorem prope Moguntiam ex officina Franc.
Behem Typographi 1549. fol.
 Pelikan.
 .Mainzer Stadtbibl. — Joh. Rokyczanas, des Prager Erbischofs, Bild
ist in Kupfer gestochen von Balzer in Prag, in der Sammlung von Porträts
böhmischer und mährischer Gelehrten I. 1772 f. No. 45. (Bd. I in meinem
Besitze.)

6. Speculum antiquae devotionis circa Missam et omnem alium cultum Dei: ex antiquis antea nunquam evulgatis per Typographos authoribus a Joanne Cochlaeo laboriose collectum. Ex uetustis Bibliothecis Ecclesiarum ac Monasteriorum Moguntiae, Misnae, Wormaciae etc. Cum gratia et Privilegio Caesaris et Regis Romanorum, Ad Septennium. Apud S. Victorem extra muros Moguntiae, ex officina Francisci Behem. 1549.

Der Titel nochmals am Schlufs, und abermals:
Excudebat Franciscus Behem Typographus. Anno Domini 1549. Mense Februario. fol.
Signet: Pelikan.
Genaueres s. C. Otto, Johannes Cochlaeus S. 175. Auch Würdtwein besafs ein Exemplar. Über dies Buch s. auch Freytag, anal. litt. S. 598.
Die Ausgabe des Micrologus de ecclesiasticis Observationibus soll fehlerhaft sein. Von neuem edierte den Micrologus Jakob Pamelius bei Plantin 1560.

7. D. Conradi Bruni Juris Consulti libri sex de haereticis in genere.
Moguntiae 1549.
Am Ende: Apud S. Victorem prope Moguntiam ex officina Francisci Behem Typographi 1549. fol.
D. Optati Afri Epis. quondam Milevitani libri sex de Donatistis in specie, nominatim in Parmenianum. Ex Bibliotheca Cusana. Adjuncto utrobique indice et brevi correctorio per Joannem Cochlaeum etc. fol.
Signet: Pelikan.
Mainzer Stadtbibl. (aus dem St. Jakobskloster).

8. Separat: Optati Milevitani quondam Episcopi, libri sex de Schismate Donatistarum, contra Parmenianum Donatistam, Aduersus quem et S. Augustinus postea Tres aedidit Libros. Ex Bibliotheca Cusana prope Treuerim. etc. Cum gratia etc.
Apud S. Victorem prope Moguntiam, ex officina Francisci Behem Typographi. 1549.
Am Ende: Franciscus Behem Typographus aedidit haec apud S. Victorem prope Moguntiam Anno 1549. kl. fol.
Signet: Pelikan.
Genaueres s. Otto, a. a. O. S. 184 f.

9. Joannes Ferus (Wild). In sacrosanctum I. C. D. N. Evangelium secundum Joanem piae et eruditae juxta Catholicam doctrinam enarrationes, pro Concione explicatae anno Domini 1536 Moguntiae. Accessit operi ejusdem D. Joannis Apostoli epistola prima Item pro Concione non minus erudite quam pie enarrata Moguntiae in summa aede Anno 1545.
Moguntiae apud S. Victorem excudebat Franciscus Behem. 1549. fol.

10. Constitutiones Concilii Provincialis Moguntini sub Reverendissimo in Christo Patre et Amplissimo Principe et Domino, Dn. Sebastiano Archiep. Mog. Sacri Romani Imperii per Germaniam Archi-Cancellario et Principe Electore etc. sexta Maji, Anno Domini 1549 celebrati.

His accessit: Institutio ad pietatem Christianam secundum doctrinam Catholicam complectens explicationem Symboli Apostolici, Orationis Dominicae, Angelicae Salutationis, Decalogi et septem Sacramentorum. Moguntiae 1549.

Am Ende: Moguntiae apud D. Victorem admodum diligenter excudebat Franciscus Behem Typographus. Mense Septembri anno 1549.

Laus et gratiarum actio Deo opt. max.

Signet: Pelikan.

Mainzer Bibl. — Bei F. Steinkopf, Stuttgart zu 18 Mark angesetzt.

Ohne Zweifel sind auch von Behem gedruckt:

11. Catalogus brevis eorum, quae contra novas sectas scripsit Jo. Cochlaeus, Moguntiae 1549. 4°. o. D.

Helbig, a. a. O. III, 1, S. 17.

12. Joh. Cochlaeus. Von der Apostasey vnd Gelübden der Closterleute, eine Disputation zwischen Hertzog Georgen von Sachsen vnd Mart. Luther geschehen den 25. October 1533. Mayntz. 1549. 8°. o. D.

1850.

1. Psaltes Ecclesiasticus, Chorbuch der Heiligen Catholischen Kirchen deutsch itzund ausgangen G. Wicel.

In verlag Johan Quentel.

Franz Behem zu S. Victor bei Mainz 1550.

Mainzer Bibl.

2. In Ecclesiasten Salomonis Annotationes piae et eruditae, ex variis cum veterum Orthodoxorum tum recentiorum scriptis congestae, ac olim etiam (anno 1534) pro concione enarratae Mog. per Fr. Jo. Ferum.

Mog. apud D. Victorem exc. Fr. Behem. Anno 1550.

Ebenso am Ende. 4°. 188 Bl.

Mainzer Bibl.

3. Der Neun vnd siebentzig Psalm christlich und catholisch außgelegt vnd gepredigt zu Mentz im hohen Dhomstift Anno 1546. Noch andre zwo Predigt etc. durch Jo. Wild. Gedr. zu S. Victor durch Fr. Behem. 1550. 4°.

Mainzer Bibl.

4. Predig über das erste Sonntägliche Evangelium im Aduent durch den erwürdigen herrn F. Johann Wild in dem hohen Dhomstifft zu Maintz gepredigt.

Bey Meintz zu S. Victor druckts Frantz Behem im Jar 1550. 4°.

Würdtwein a. a. O.

5. Jonas Propheta per quadragesimam, pie et catholice, in summa aede Moguntina pro concione explicatus per Joannem Ferum summae aedis concionatorem.
Mog. apud D. Victorem excudebat Franciscus Behem. 1550. 4°. 164 Bl.
Würdtwein a. a. O.
6. J. Ferus. Die Erste Epistell Joannis des heiligen Apostels vnd Euangelisten, aussgelegt vnnd gepredigt zu Meintz im hohen Dhum Stifft, Anno 1545.
Gedruckt durch Frantz Behem, zu S. Victor bey Meintz. Im Jar 1550. 4°. 199 Bl.
Holzschnitt: Christus am Kreuz, und das Wappen des Erzbischofs Sebastian, (von Anton v. Worms?)
Mainzer Bibl. (aus der Jesuitenbibl.).
7. Neue Auflage von der Erklärung des Johannis - Evangeliums No. 8, 1549.
8. Neue Auflage von der Erklärung des 1. Briefes des hl. Johannes No. 8, 1549: In epistolam Divi Joannis priorem piae et devotae juxtaque doctrinam Catholicam enarrationes Moguntiae in summo templo pro Concione explicatae et in hoc compendium redactae. Ex officina Fr. Behem Typographi apud S. Vict.
Moguntiae 1550. kl. fol.
Würdtwein a. a. O.
9. J. Ferus. Die Parabel oder Gleichnuss Von dem verlornen Son, aussgelegt vnd zu Mentz gepredigt 1546. Noch drei andere Predig etc. 1549.
Gedr. zu S. Victor bey Mentz, durch Franciscum Behem. Im Jar 1550. 4°. 104 Bl.
Die angehängten drei Predigten haben Separattitel mit einem Titel-Holzschnitt, die Kreuzigung darstellend, ohne Monogramm. Selten!
Mainzer Bibl.
Vorrede: Dem Erwirdigen vnnd Hochgelerten herrn Johan Cochleo der heiligen geschrifft Doctor vnd Dhomherrn zu Bresslawe, seinem lieben herrn vnd freundt, wünsche ich Theobald Spengel zu Meintz Glück, heil vnd seligkeit, mit erbietung meiner dinst, ehr vnd freundtschafft.
Ohngeferlich vor elff jaren, Erwirdiger Hochgelerter G. lieber her, in hern Johans Agricole (d. i. Bauer), zu S. Victor Canonici, behausung, in E. E. gegenward vnd vieler guten herrn vnd freunde beysein truge es sich vnter andern reden zu, das mein lieber vatter seliger gedechtnus, M. Johan Spengel, von hertzen wünscht vnnd den tag zu sehen begert, das doch einssmals des Erwirdigen hern B. Johan Wilde damals vnnd noch diesser zeit Dhompredigers im löblichen hohen Ertzdhomstifft Meintz gethane predige, zu nutz, gut vnnd wolfart, beide der Allgemeinen Catholischen Kirchen vnd dem gemeinen mann, so dieselbigen gehört vnd noch hören, mit der zeit zur besserung jres lebens vnd wandels solten vnd möchten durch den druck aussgepreitet werden.
Es haben auch E. E. sich guter massen zu erinnern, mit was vielem bitten im nechst verschienendem 49. jar der minnerzal, durch sich selbs vnd jren schwager Frantz Behem, bey wolgedachten Dhomprediger vmb die drey treffliche vnnd Gottselige vermannungen, so damals im Synodo Prouinciali geschahen, gebetten vnd bitten haben lassen, damit doch entlich

solche heilsame lehren vnd tröstliche vermanungen durch den druck offentlich vnd allenthalben auch andern etc.
Auf Marie Geburt 1550.

10. J. Ferus: Examen ordinandorum. Ad Quaestiones sacrorum ordinum, Candidatis in Dioecesi Moguntinensi proponi consuetas, aptae et piae Responsiones, Catholicam veritatem succincta brevitate indicantes. Per religiosum et eruditum virum, F. Joannem Ferum, maioris Ecclesiae Moguntinensis Concionatorem, et Coenobii S. Francisci Guardiannm.
Apud S. Victorem, prope Moguntiam, excudebat Franciscus Behem. 1550. 12. 60 Bl.
Vorrede des Druckers.
Wegen Raumüberflusses fügt der Drucker noch die Enarrationes Wicelii in Symbolum Apostol., in Orat. Dom. etc. zu.

11. Martini Cromeri[1]) oratio, in synodo Cracoviensi nuper habita. Moguntiae, ex officina Francisci Behem Typographi. anno 1550. 8°. 23 Bl.
Am Ende: Mog. ap. S. Victor., admodum diligenter excudebat Franc. Behem Typographus, mense Martio, anno 1550.
Laus et gratiarum (!) semper Deo Opt. Max.
Helbig a. a. O. III, 3, S. 18.

12. Chrisostomus Archiep. Constantinopel. orationes octo ex antiquo exemplari graeco in latinum versae et aliis eius homiliis et operibus non adjunctae, Martino Cromero Canon. Cracoviensi interprete, in lucem denuo editae.
Moguntiae apud S. Victor. ex offic. Franc. Behem. Typogr. 1550. 8°.
Würdtwein a. a. O.

13. D. Conradi Bruni de seditionibus libri VI, rationibus et exemplis ex omni doctrinarum et authorum genere locupletati cura Johannis Cochlaei in publicum editi. Sequitur Ejusdem de seditiosis appendix triplex contra quosdam rebelles , hujus temporis.
Mogunt. apud S. Vict. ex officina Fr. Behem Typographi. 1550. fol.
Mainzer Bibl. (aus d. Jesuitenbibl.).

14. Joan. Cochlaeus: De votis brevis disceptatio contra impugnationes Joannis Calvini; excus. Moguntiae in officina Francisci Behem Typographi, mense Julio 1550. 8°.
Maittaire, Annales T. V. P. I. p. 299.

15. Benedictus Canon. Vratislav. et Cracov. Joann. De visionibus et revelationibus naturalibus et Divinis, libellus elegans et compendiosus nunc demum editus. 1550. 8°. 36 Bl.

---

1) Seit 1579 Fürstbischof von Ermland. Er verfasste unter vielen anderen Werken auch eine polnische Geschichte, die 1555 und öfter bei Oporin in Basel erschien.

Moguntiae apud S. Victorem excudebat Francisc. Behem.
Würdtwein a. a. O.

16. Historia aliquot nostri saeculi Martyrum cum pia, tum lectu jucunda, nunquam antehac typis excusa. Sapientiae 5: Hi sunt etc. Anno 1550. Am Ende: Moguntia apud S. Vict. excud. Franc. Behem. 1550. 4°.
Verf.: Vitus von Dülken, Prior der Karthäuser zu Mainz und Wilhelm von Sittart. Geschichte einiger Märtyrer unter Heinrich VIII. v. England. In Rosenthals Katal. 80 Mk.] Mainzer Bibl.

17. Christliche und kurtze Betrachtung des heiligen Vatter unser nebst vielen Gebettern, mit Kupffern, druckts Franciscus Behem zu S. Victor bey Mentz 1550. 8°.
Würdtwein a. a. O.

1551.

1. Catechismus. Christliche underweisung und gegründeter bericht nach warer catholischer lehr über die fürnemste stucke unsers heiligen Christenglaubens etc. Gepredigt zu Meyntz im Dhomstifft durch herrnn Michaeln bischoff zu Merseburg der zeyt suffraganeen. Mit Röm. Kays. Mayestät Genad und Freyheit, in sieben Jaren nit nach drucken. Meyntz druckts Franciscus Behem bey sanct Victor im Jar 1551. fol. 281 Bl. u. 21 gröfsere Holzschnitte.
S. Moufang, die Mainzer Katechismen. Mainz. Kirchheim 1877. S. 37. Spätere Ausgaben 1553, 1557, 1561, 1585.

2. J. Ferus. Quadragesimal, d. i. Fasten Predig, von der Buss, Beicht, Bann, Fasten, Communion, Passion vnnd Osterfesten . . . . Mentz, Franc. Behem. 1551. 4°.
Nur 2. Teil (S. 162—299).
Katalog von Elwert, Marburg 1881.
Würdtwein a. a. O. giebt den Drucker nicht an.

3. Das erst Büchlein Esre, von Erbawung des gefallenen Tempels vnd hauss Gottes, Christlich gepredigt vnd aussgelegt, zu Meyntz im hohen Dhomstifft, Anno 1550. Durch F. Johannem Wild. Mit Privil.
Gedr. zu S. Victor durch Franc. Behem im Jar 1551.
Ausslegung der übrigen zwey Capitel dießes ersten Büchleins Esre, sampt auch dem, so noch in dießem achten Capitel außzulegen, wirst du freuntlicher Leser im Quadragesimal finden.
Sanct Victor. Fr. Behem. 1551. 4°.
Mainzer Bibl. (aus d. Jesuitenbibl.).

4. Jo. Ferus. Christlichs vnd sonder schöns betbüchlein fur alte vnd junge zu bewechung der andacht gestelt.

Zu sanct Victor bey Meyntz druckts Frantz Behem 1551.
8°. 48 Bl.
Würdtwein a. a. O.
5. Agenda ecclesiae Moguntinensis. Per Reverendissimum
in Christo Patrem, et Amplissimum Principem et Dominum,
Dominum Sebastianum, Archiepiscopum Moguntinum, et Prin-
cipem Electorem, etc. nihil quidem immutata, sed necessariis
quibusdam additionibus auctior, et multis locis emendatior, jam
denuo Typis euulgata. Moguntiae excudebat Franciscus Behem
Typographus, Anno Domini 1551. fol. 142 Bl.
Am Ende: Moguntiae venales reperiuntur apud Theobaldum
Spengel.
Mainzer Bibl. (aus der Jesuitenbibl.) u. Wiesb. Landesbibl. (aus der
Pfarrei Harthausen). Das letztere Exemplar ist interessant.
Vorn findet sich das gemalte Wappen des Bischofs Rudolf von Speier
mit der Zahl 1558, auf der Innenseite des Hinterdeckels das gemalte Bild
des hl. Johannes Bapt., des Patrons der Kirche von Harthausen. Unter
dem Bild folgende handschriftliche Bemerkung: »Hic liber a Reverendissimo
in Christo patre ac domino, Domino Rodolpho Episcopo Spirensi et prae-
posito Weisenburgensi Anno Christi MDLVIII dicatus est: ut ex eo Unus-
quisque ordinarius pastor in posterum ritus ac ceremonias ad veram reli-
gionem necessarias obseruare, et populum sibi commissum rite insütuere
possit.« Auf der Rückseite des Titelblattes heißt es: »Ad ordinarium
pastorum ecclesiae S. Johannis Baptistae in Harthausen Joannis Richii Gandaui
Episcopi Spirensis Cubicularii Hexastichon:
    Qui vis diuinos ritus legesque doceri
      Hoc tibi praecipuum perlege, pastor, opus,
    Quod facies, si vis nomen famamque tueri
      Pastorisque boni fungier officio.
    Expetit hoc presul cui picta insignia cernis
      Quae circum stipat Pontificale decus.«
Eine spätere Hand hat folgende Bemerkung zugefügt: »Sebastian von
Heusenstamm, erwählt den 20. 8ber 1545, † 18. März 1555, trug als Erzbischof zu Mainz auf einem, aus den Suffraganen, den Bischöfen von Basel,
Strassburg, Speier etc. bestehenden Provinzialkonzilium auf die Herausgabe
einer neuen Agende an, weil, wie die Vorrede sagt, die vorherigen teils
vergriffen, teils verloren gegangen, teils nur stückweise vorhanden und durch-
schrieben, so dass man fast nichts mehr lesen konnte, auf einer Visitation
befunden worden waren. Sie ist vom J. 1549.
Rudolf von Frankenstein, Bischof zu Speier, erwählt oder vielmehr
postuliert d. 3. Okt. 1552, † 21. Jun. 1560 führte als Suffragan der Mainzer
Erzprovinz im J. 1558 gegenwärtige Agende im Speierschen Bistum ein
und machte jeder seinem Hirtenstabe untergebenen Kirche, zu Stadt und
Land, ein Präsent damit; auch liess er auf seine Kosten sein Familien-
wappen vereint mit jenem seines bischöfl. Sitzes jeder solcher verschenkten
Agenden nebst dem Bildnis des Kirchenpatrons anfügen.«

1552.

1. Annotaten Georgii Wicelii in die ersten 33 Psalmen
Dauids, darinn die Wittenbergische Teutsche Dolmetschung
etlicher massen auff die prüfe gefüret wirt. Jtzund new aussgangen.

S. Victor bey Mentz durch Fr. Behem. 1552. 4°.
Mainzer Bibl.

2. Georgii Wicelii Senioris Typus Ecclesiae Catholicae.
Form und anzeigung, welcher gestalt die heilige apostolische
und catholische Kyrche vor tausent mehr oder weniger Jaren
in der ganzen Christenheit regiert und geordnet gewesen. In
fünff theile unterscheidet etc. Wovon der erste und andre
theil zu Cöllen durch die erben Johan Quentels anno 1559.
der 3te theil durch Franciscum Behem zu S. Victor bey Menz
im Jar 1552. der 4te theil in verlag der erben Johann Quentels
in Cöllen, gedruckt zu Meyntz durch Franciscum Behem anno
1556. der 5te theil gedruckt zu Meintz bey Frantz Behem, in
kösten Johan Quentels seligen erben. Anno 1558. 4°.
Würdtwein a. a. O.

3. Johann Wild. Postill oder Predigbuch Evangelischer
Warheyt und rechter Catholischer lehr über die Evangelien etc.
Meyntz druckts Franciscus Behem bey S. Victor. 1552. fol.
Am Ende das Signet Fr. Behems mit der Jahrzahl 1551 und den Büsten
von Carolus V. und Ferdinandus Rex: die Concupiscentia, darunter ein

Löwe den Druckerballen mit dem Monogramm ✠ haltend; unter dem

Signet die S. 9 mitgeteilten Disticha.
Würdtwein a. a. O.
Die Postill enthält noch zwei Holzschnitte: 1. Christus erzählt seinen
Jüngern das Gleichnis vom Feind, welcher das Unkraut unter den Weizen
säet; 2. das Gleichnis von den Arbeitern im Weinberg. Sämtliche Holzschnitte sind von einem bereits oben erwähnten, dem Namen nach leider
nicht bekannten Formschneider, welcher zu derselben Zeit und später auch
für Christian Egenolph in Frankfurt thätig war, mit dem Monogramm

IAH HA od. AH. Über einzelne Blätter dieses Künstlers s. Nagler,

Monogramm. III, S. 182. Vgl. auch oben S. 68.

1553.

Nur neue Auflage des Merseburger Katechismus.

1554.

1. Jo. Ferus: Libellus Precationum latinitate donatus per
M. Jo. a Via.
Mog. Franc. Behem. 1554. 12°.
Helbig a. a. O. III, 3, S. 24.
Jo. a Via, »zum Weeg« war Pfarrer zu St. Emmeran in Mainz, kam
später als Hofprediger nach München.[1]

[1] Nach Mitteilung v. Hrn. Pf. Dr. Falk in Mombach.

2. Examen ordinandorum. Ad quaestiones sacrorum ordinum, Candidatis in Dioecesi Moguntinensi proponi consuetas, aptae et piae Responsiones, Catholicam veritatem succincta brevitate indicantes. Per Reverend. et Ornatiss. P. Joannem Ferum Metropolitanae Mogunt. Concionatorem etc. Huic novae aeditioni accessit S. S. Canonis missae, pia expositio D. Odonis Cermeracensis Episcopi. Moguntiae.

Am Ende: Finit expositio Domini Odonis Moguntiae excudebat Franc. Behem, anno 1554. 8°. 113 Bl.

Der Herausgeber, D. Philippus Agricola, (1553—54) eignet es dem Abte Pallantius von Eberbach zu. S. über diesen d. Handschr. Chronik des Pater Bär in der Bibl. des Altertumsver. zu Wiesbaden, sowie im Archiv daselbst.

Mainzer Bibl.

3. Jo. Feri Sermones de tempore in Evangelium et epistolas ab adventu ad pascha.

Moguntiae. 1554. fol.
Würdtwein a. a. O.

7 — 4. Jo. Feri Postilla oder auslegung der epistlen und Evangelien über alle Sonn- und Feyertäg. Sommertheil. 1554. fol.
(Würdtwein a. a. O.

5. Desselben Postill oder Predigbuch de Sanctis. Druckts Franciscus Behem im Jar 1554. fol.
Würdtwein a. a. O.

6. Postilla siue Conciones Rmi P. D. Joannis Feri Metropolitanae Concionatoris absolutissimi, latinitate donati per Joannem Güntherum. Moguntiae apud Franc. Behem 1554. fol.
Würdtwein a. a. O.

7. Joannes Ferus. Psalmus tricesimus primus doctissime explicatus etc. per Rdum D. Joannem Ferum Concionatorem Moguntinum.

Moguntiae excudebat Franc. Behem. 1554.
Würdtwein a. a. O.

1555.

1. Missale ecclesie et provincie Gnezens. St. Adalbert und Stanislas. Der Adler und S A verschlungen deutet wohl auf Sigmund August von Polen oder die Landespatrone hin. Ein Gedicht des Petrus Royzius Maureus, iuris consultus, an die Priester giebt an, dafs das Missale in Mainz gedruckt ist. Die Herausgeber sind: Matth. Lanzki, Canon. und Kanzler von Gnesen, und Batth. Pangrodzi Poenitentarius von Gnesen. fol. 60. v. de beata virg.

Impressum Maguncie in officina famati ac providi domini Francisci Bohemi.

Impensis non modicis spectabilis ac famati viri domini Joannis Patrui, civis et bibliopole Posnaniensis. Anno 1555. fol.

Exemplar in der Frankfurter Stadtbibliothek. Vgl. auch Freytag, analecta literaria de libris rarioribus p. 601.

— 91 —

Von hoher Seltenheit. Zaluski, Conspectus Collectionis Scriptorum
ecclesiasticorum Poloniae p. 17 nennt es sein Werk seltener als ein weisser
Rabe.

2. Catechesis, das ist, kurtzer bericht unseres Heyligen
Christlichen glaubens nach Catholischer Lehr. Mit Ercklerung
des Apostolichsen (!) Symbols, des Vatter vnsers, des englichsi
(!) gruß, der Zehen gepoth vnd der hailigen Sacramenten.
Erstlich Lateinisch, durch den Hochwirdigen Fürsten vnd Herren,
Herrn Michaeln Bischoff zu Mersenburg beschrieben.
Jetzo allen frommen einfeltigen Christen zu gut, wolfart,
vnnd trost, von F. Joanne Chrisostome zu Meyntz inß
teutsch treuwlich verendert.
Am Ende: Gedruckt zu Meyntz, durch Franciscum Behem.
Anno 1555. 12°. Mit Holzschnitten.
Vorrede von Theobald Spengel, gerichtet an die Frau des Dr. Jakob
Jonas, Vicekanzlers Sr. Majestät des Röm. Königs, und Vorwort des Joh.
Chrysostomus dat. St. Jakobsberg bei Mainz, wo derselbe Abt war.
Eine 2. Ausgabe ist v. J. 1557, eine dritte von 1561. Die lat. vom
J. 1549 ist bei Ivo Schöffer gedruckt.
Bibl. des Pfarrhauses zu St. Liebfrauen in Frankfurt die erste Ausgabe.
S. Moufang, Kathol. Katechism. des 16. Jahrh. in deutscher Spr. her.
Mainz. Kirchheim. S. 365.

3. Exercitamenta syncerae pietatis multo saluberrima, inter
quae lector habes liturgiam seu missam S. Basilii Magni reco-
gnitam et missam Aethiopum Christianorum in Africa una cum
vetustissimis Ecclesiae Catholicae Litaniis aliisque scitu dignis-
simis per Georgium Wicelium edita. Actor. cap. XXIII.
Credens omnibus etc. Anno 1555.
Moguntiae apud Franciscum Behem Misnensem, sumptu
haeredum Johannis Quentelii Civis Coloniensis Anno Dominicae
Incarnationis 1555 mense Februario. 4°.
Würdtwein a. a. O.

4. Christliche gute Annotaten in Mar. Luthers deutschen
psalter darinn derselbig eyns theils aus Wahrheit hebreischer
Sprachen jedermann zu nutz corrigirt und verbessert wird, sehr
heylsam zu lesen und predigen durch Georgium Wicelium
Ecclesiasticum. Primo Regum cap. 16. Vide Filium etc.
Gedruckt zu Mentz durch Franciscum Behem im
Jar 1555.
Würdtwein a. a. O.

5. Joannis Feri historia Passionis Domini IV. theil.
1555. 12°.
Excudebat Moguntiae Franciscus Behem.
Würdtwein a. a. O.

6. Abschiedt der Römischen Königl. Majestät und gemeiner
Stend auff dem Reichstag zu Augspurg Anno Domini 1555
auffgericht. Sampt der Kaiserl. Majestät Cammer Gerichts-
ordnung ernewert und an vilen Orten geendert . . . mit Röm.

Königl. Majestät Gnad und privilegio in sechs Jaren nicht nach
zu trucken.
Getruckt inn der Churfürstl. Stadt Meyntz durch Franciscum Behem Anno Domini 1555. fol.
Würdtwein 2. a. O.

7. Der Römischen Kayserl. Majestät und gemeine Stende
des heiligen Reichs angenommene und bewilligte Cammer Ge-
richtsordnung etc. mit Röm. Gnad . . . . .
Gedruckt etc. durch Franciscum Behem. 1555. fol.
Würdtwein a. a. O.

1556.

. 1. Pars quarta typi Ecclesiae prioris. Vierdte theil des
forms, wie es vor alten Jaren in Catholischer Kirchen gehalten,
jetzt new zugericht durch Georgium Wicelium den eltern.
In verlag der erben Joan Quentels zu Cölln gedruckt zu Meyntz
durch Franciscum Behem. Anno 1556. 4°.
Würdtwein a. a. O.
2. Wintertheil der postill oder Predigbuchs Evangelischer
Warheyt und rechter Catholischer lehr. durch Johann Wild.
Meyntz druckts Franciscus Behem zum Maulbaum im
Jar 1556. fol.
Würdtwein a. a. O.
3. Jo. Ferus. Quadragesimalis Interpretatio Parabolae
Filii Rodigi, in qua ceu speculo Peccatoris errantis, resipientis
vitamque emendantis imago depingitur etc. Accessere tres
necessariae Synodales Conciones habitae eodem authore Moguntiae 1549. Mog. Franc. Behem 1556. 12°.
Helbig a. a. O.
4. Jo. Ferus. Jonas Propheta per Quadragesimam, pie
et Catholice, in summa aede Moguntina pro concione etc. explicatus An. Domini 1542.
Mog. Franc. Behem. 1556. 12°. 2. Aufl. v. 1550.
Helbig a. a. O.

1557.

1. Jo. Ferus. Examen ordinandorum etc. s. 1544. fol.
Vgl. Helbig a. a. O.
2. Joh. Wild. Drei Predigten zur Zeit des Synodi Pro-
vinzialis im Hohen Dhomstifft zu Meyntz gehalten. Gedruckt
in Meyntz durch Franciscum Behem. 1557.
Moufang a. a. O.
3. Die parabel oder gleichnuss von dem verlornen Son etc.
4°. Neue Aufl. v. № 9. 1550.
4. Eine schöne und gantz christlich predig geschen im hohen
Dhomstifft zu Wormbs zu der Zeit des Colloquii Anno 1557

durch den Ehrwürdigen herrn Joannem Sylvanum Athesinum. Luc. 14 An Sabbato fas sit etc.
Gedruckt zu Meyntz zum Maulbaum durch Franciscum Behem im Jar 1557 den 9. December.
Würdtwein a. a. O.

5. Methodus Orthodoxae doctrinae de iustificatione. G. Wicel. Mainz. Fr. Behem. 1557. 12°.
Mainzer Bibl.

6. G. Wicelius. Annotationes in sacras literas. Gar kurtze verzeichnus in die heilige Bibel des alten Testaments, dadurch die deutsche Dollmetschung dieser Zeit eines theils castigirt und eine grosse meng der dunklen orthe derselben erkläret wird.
Mayntz durch Frantz Behem in kosten Johann Quentels zu Cölln Erben 1557. fol.
Würdtwein a. a. O.

7. Catechismus des Bischof Helding, in deutscher Übersetzung. 1557, später 1561.
Moufang a. a. O. Würdtwein a. a. O.

8. Stanisl. Hosius. Confessio catholicae fidei Christiana: vel potius explicatio quaedam confessionis a patribus factae in synodo provinciali, quae habita est Petrikouiae Anno Domini 1551 mense Maio congregatis.
Wappen des poln. Königs.
Cum gratia et privilegio ad decennium. Joanne Patruo Bibliopola Posnaniensi imprimi procurante. 1557.
Auf der Rückseite das Portrait des Königs Sigismund August von Polen, mit dem Monogramm HS, welches von einigen einem Hans Sauerdunim zugeschrieben wird. Jedenfalls ist das Monogramm das Zeichen eines anderen Künstlers, als desjenigen, welcher das Signet Behems entwarf. S. Nagler, Monogr. S. 609. No. 1492 und 1499. Auch Crispin Scharffenberg zeichnete ein Bild des poln. Königs in Cramers Chronik.
Am Schluss: Moguntiae excudebat Franciscus Behem. Anno domini 1557. fol.
Mainzer Bibl.
Dasselbe Werk erschien 1560 in Paris und in Ingolstatt deutsch übers. von Johann zu Wege (a Via). Über Hosius s. Eichhorn, der ermländ. Bisch. u. Kard. Stan. Hosius. Mainz. 1854.

9. Aufs dem Newen vnd vorhin noch nie getruckten Epitome oder Summario etlicher Altkirchischen, Wolgegrünten vnd Schrifftreichen Postillen etc. Ein Catholische Sermon, von dem letzten Gericht vnd Urthel Gottes etc. durch M. Henrich Pflegern, der Keyserlichen Sanct Bartholomes Stifftkirchen zu Frankfurt am Meyn dieser zeit Ordentlichen Predicanten vnd Canonicum.
Meyntz. Druckts Franciscus Behem zum Maulbaum 1557. 4°. 2 Holzschnitte.

Am Schlufs der Vorrede nennt sich der Verfasser nochmals »des gar kleinen Altkirchischen Euangelischen Heufflins zu Franckfurt am Meyn, dieser zeyt ordentliche Pfarrer vnd Seelsorger.« Mainzer Bibl.

10. Reichstagsabschied von Regensburg 1557. Helbig a. a. O.

1558.

1. Erasmi Roterodami exegesis in epistolam Pauli ad Romanos. Mog. excudebat Franciscus Behem. 1558. 8°. Würdtwein a. a. O.

2. Stan. Hosius. Dialogus. Das ist, Ein freuntlichs Gesprech zwoer Person, . . . ob man die Leyen vnder den beyden gestalten Communiciren, den Priestern vnnd Geystlichen Weiber geben, vnd die geheymnussen des Glaubens in bekanter Sprach verhandlen, vnd dem gemeinen Man fürtragen solle: 1558. Maintz, Fr. Behem. Rar. 4°. 92 Bll. Mainzer Bibl.

3. Jonas Propheta. Etliche Christliche und nütze Predige aus dem propheten Jona unter denen ein christlicher bericht aus Gottes worth von guten werken. durch Herrn Michael Sidon. et Merseburg. Epis. Suffrag. Mog. Meyntz durch Franciscum Behem zum Maulbaum. 1558. fol. Bild von Jonas und dem Fische von einem unbekannten Formschneider,

dessen Monogramm ein ♭ ist. S. Nagler, Monogrammisten. III. S. 178.

Mainzer Bibl.

4. Jo. Wild. Die allerheiligste Historie Unsers HErrn vnd Heylandts Jesu Christi etc. verdollmetscht durch Christian Hypparium, Itzsteinischen Pfarrherrn S. Quintini in Meyntz. Meyntz, Franc. Behem. 1558. fol. Helbig a. a. O. Über Hipparius s. Pantaleon prosopographiae. S. 430 und Callid. Loos Catalogus illustr. Germ. script. Beide loben ihn als Übersetzer der lateinischen Postill Jakob Schöppers. Er war Pfarrer zu St. Quintin in Mainz. Geb. 1519 gest. 1564 an der Pest. Auch Joh. Sebast. Severus, Paroch. Mog. Exemplar mit handschr. Zusätzen l, p. 38 teilt einiges über den frommen und gelehrten Mann mit.

5. Joh. Wild. Sommertheil der Postill. Neue Aufl. 1558. fol. Würdtwein a. a. O.

6. Joh. Wild. Postillae III de Sanctis. Neue Aufl. 1558. fol. Helbig a. a. O.

7. (Joh. Wild.) Jobi Historia. Christlich vnd nützlich Predigweis ausgelegt, darinnen nicht allein nötige ermahnung zur Gedult, sondern auch Catholische underrichtung etlicher streytigen puncten zu finden sein, durch weylandt den Erwird. herrn Joh. Wild, gepredigt 1552.

In 8 Jahren nit nachzutrucken.
Meyntz druckts Franciscus Behem zum Maulbaum.
1558. fol. Bild Jobs mit dem Monogramm SF, welches Brulliot dem Sigismund Feyerabend zuschreibt. Nagler Monogr. IV, No. 4082 S. 1129 weist dasselbe namentlich in den bei Feierabend 1564 erschienenen »Neuen bibl. Figuren des A. u. N. Test. von Johann Bocksbergere nach und ist gleichfalls hier für S. Feyerabend, während im Bd. V, No. 9, S. 2 dessen Autorschaft in Zweifel gezogen ist. An letzterer Stelle zeigt er, daß Blätter von demselben Künstler auch in Dietenbergers Bibel Köln 1571 u. in anderen Kölner Drucken vorkommen. Ob aber — wie dort steht —

der Künstler **SH** und SF derselbe ist, bleibt zweifelhaft. Daß F hier nur fecit bedeutet, scheint nicht glaublich.

Vorrede von **Agricola**.
Mainzer Bibl.

8. Exegesis in epistolam Pauli ad Romanos authore R. D. P. **Joanne Fero.**
Moguntiae excudebat **Franciscus Behem. 1558.** 272 S. 8°.
In der Vorrede nennen sich **Franz Behem, Theobald Spengel** und **Philipp Agricola** als Verbündete.
Mainzer Bibl.

9. (Joh. Wild.) In sacrosanctum Jesu Christi Domini nostri evangelium secundum Joannem, piae et eruditae iuxta Catholicam doctrinam Enarrationes etc.
Neue Aufl. von No. 8, 1549.
Vignette mit **1558.** Moguntiae, apud divum Victorem, excudebat Franciscus Behem typographus. Anno 1559, ediert von Phil. Agricola. fol.
Die drei Kompagnons Theob. Spengel, Franz Behem, Arnold Birkmann genannt.
Mainzer Bibl.

10. (Joh. Wild.) In sacrosanctum Jesu Christi evangelium secundum Matthaeum commentariorum libri quatuor autore Rever. Patre Joanne Fero quondam Concionatore Moguntino.
Moguntiae excudebat **Franciscus Behem.** Anno 1559. fol. 389 S.
Über der Titelvignette 1558. Die drei Kompagnons genannt.
Dasselbe 1559 in 8°. Exc. Franc. Behem.
Beide Mainzer Bibl.

Nachgedruckt: 1. 1559 von Nicolaus Chesneau, in aedibus Claudii Fremy via Jacobaea sub signo S. Martini. 8°.
2. 1560 von Jo. Steelsius in Antwerpen.
S. über denselben als Formschneider Naglers Monogr. IV, S. 124. No. 395. I, S. 31. No. 80.

1559.

1. S. No. 9 und 10 von 1558.
2. Der Prediger Salomonis, durch weylandt etc. **Joh. Wildt** in Latein beschr. durch **Christ. Hipparius** Itzstein.

Pfarr. zu Quintin ins Deutsch bracht Mainz. 1559. (vollendt
28. Aug. 1559.)
Mainz, Franz Behem zum Maulbaum. 4°.
Die vier Firmen: Theob. Spengel, Franz Behem, Heredes Quentel,
Arnolt Birkman.
Mainzer Bibl.

3. Judicium de articulis confessionis fidei Anno 1530
Caesar. M. Augustae exhibitis, quatenus scilicet a Catholicis
admittendi sint aut reiiciendi, authore R. P. D. Joanne Hoff-
meistero Augustiniano Colmariensi, nunc primum in lucem
aeditum.
Cum gratia et privilegio Caes. Ma. ad octennium. Mo-
guntiae excudebat Franciscus Behem. Anno 1559. 8°.
Genau dasselbe, offenbar auch von Behem gedruckt, mit dem Namen
Arnold Birkmanns.
Mainzer Bibl.

4. Ein fruchtbar vn klare Außlegung des schönen Buchs
Tobie, welchs ein Spiegel der guten Sitten vn waren Christ-
lichen zuchte in diesem gegenwertigen leben mag billich ge-
nennet werden, gepredigt vnd beschrieben Durch D. Joannem
Hoffmeister, des Augustiner Ordens durch hoch Teutsch-
landt weiland Prouinzialen. Hieronymus an den Casturtium.
Es ist ein grosser zorn Gottes, wann Gott nicht vber die
sünder zurnet.
Mit Römischer Keyser. Maiest. Gnad vnd Freyheyt, Trucks
Frantz Behem etc. zu Meintz. 1559.
Die Vorrede an Melchior Redel, Provinz. des Augustinerordens in
Oberdeutschland, Prior zu Freiburg unterzeichnen »Theobaldus Spengel und
Franciscus Behem etc.« Auf S. 38 tadelt Verf. scharf die, welche »Schandt-
büchlin wider vnschult vnd demßit außgehen lassen, vnd solch büßlin
(Büchlein) des schwarzen Mönchs, scheres Michel, vnnd stoltz
Müllerin zu Mentz etc.«
Den Druck des Buches haben befohlen der Prior zu Hagenau Bartholo-
maeus Ulrici und Johannes Walrab, Augustinerprior in Mainz.
Mainzer Bibl. und in meinem Besitz.
Ein Exemplar in Mainz hat keine Jahresangabe.

5. Keysers Ferdinandi newe Müntzordnung. Sampt Va-
luirung etc.
Mayntz, Franc. Behem. 1559.
Mit Abbildungen.
Germanisches Museum, Nürnberg. — Sehr selten.

6. Undergerichts Ordnung des Erzstiffts Meyntz.
Meyntz, druckts Franciscus Behem zum Maulbaum
im Jar 1559. fol.
Holzschnitt, eine Gerichtssitzung darstellend, ohne Monogramm.
Mainzer Bibl.

1860.

Michael Buchinger Colmariensis. Historia ecclesiastica nova, qua brevi compendio res in ecclesia gestae Romanorum Ponti-ficum a B. Petro usque ad Paulum IV describuntur.
Mainz, Franz Behem 1560. fol. 400 S.
Mainzer Bibl.

1861.

1. Theobald T h a m e r. Apologia. Moguntiae apud Franciscum Behem. 1561. Räß, Convertiten. I, 257.
2. Von dems. Introductio in Sanctam Passionem. Mog. 1561. Wohl auch von Behem gedruckt.
3. Joh. Ferus. Sommertheil der Postill. EVangelischer Warheit et. Neue Aufl. 1561. fol. 6 Bl. Vorst. und 500 bez. Bl. Gr. Holzschnitt.
4. Joh. Ferus. Sommertheil der Postill. De Sanctis. Neue Aufl. 4 Bl. Vorst. 173 bez. Bl. Titelvignette. Mainz. Wappen.

1862.

Joh. Ferus. Sommertheil der kurtzen Postill. Zu Meintz druckts Frantz Behem. Im Jar 1562. 8°.

1864.

1. Joh. Wild. Gemeine, christliche vnd Catholische Buss-predigen Fünff vnd Dreyssig, ... zu gemeinen Processionen vnd Bitfarten, in Sterbens, Kriegs, Unwitterung, vnd anderen schweren zeyten vnd fellen, beschehen .... Meyntz, Truckts Frantziscus Behem. 1564. fol. 4 Bl. Vorst. und 165 bez. Bl. Gr. Holzschnitte.
2. Joh. Wild. Letztes : Winter vnd Sommertheyl, Catho-lischer auch Euangelischer auslegung, der vberigen Predigen von Heyligen, so noch zu den vorigen langst aussgangenen der beyder theil Postillen gehören. gepredigt in dem löbl. Ertzdhomstifft Meyntz.
Meyntz, druckts Franciscus Behem. 1564. fol. 4 Bl. Vorst., 333 bez. Bl., 2 gr. Holzschnitte.

1865.

1. Postilla das ist Predige vnd auslegung nach Catholischer lehre aller Sontäglichen Euangelien etc. durch den Hochwirdigen in Gott etc. Herrn Michael weylandt Bischoffen zu Mersen-burgk gepredigt.

Meyntz, Franciscus Behem. 1565. fol.
Vignette mit den Namen Theob. Spengel, Clas Geyer, Arnold Birckmann, Heredes Quentel.
Auf der Rückseite 1562, Bild und Grabschrift Heldings, ohne
Monogr. -- Mainz Bibl.
2. (Joh. Wild.) Etliche, Psalmen Christlich vnd Catho-
lisch außgelegt, darinnen nach gelegenheit der zeit tröstliche
vnderrichtung vnd anleytung dem guthertzigen Leser geben wirt,
sich in allerhandt anliegen gegen Gott seliglich zu richten.
Durch den Ehrwürdigen Herren Johannem Ferum, Weylandt
Meyntzischen Dohmprediger beschehen.
Verzeichnuß der außgelegten Psalmen, findet der Leser
nach der Vorrede.
Ephes. V. Nolite inebriari vino etc.
Mit Röm. Key. Maiestat Freyheit, in zehen Jaren nicht
nach zu drucken.
Getruckt in der Churfürstlichen Statt Meyntz, durch Franciscum Behem zum grossen Maulbaum, Anno 1565. foL
Titelvignette: Der auferstandene Heiland, im Hintergrunde die drei
Frauen. Umschrift: sine me nihil potestis facere 10. XV. 56 (1556);
darunter Blumenkorb über dem Spruch Ditat servata fides; darunter zwei
verschlungene Hände; am linken Rand ein nackter Mann mit einem Aste,
rechts nacktes Weib mit Lanze, über dieser ein Wappenschild mit dem

Monogramm ⊼⊢ und der Umschrift Heredes Quent., also den Quentell-

schen Verlag andeutend, über dem Manne Wappenschild mit einem Geier
und die von links nach rechts gebende Umschrift Clas Geier; darüber
tragen links und rechts Knaben wieder Wappen und zwar links im Schild
den aufsteigenden Löwen, der in der rechten Tatze etwas hält, vielleicht
eine Wanduhr; die Umschrift lautet Franciscus Behem; rechts steht im
Schild die Henne unter einer Birke, mit der Umschrift Arnoldus Birckman;[1]
inmitten dieser beiden befindet sich mit der Umschrift Theobaldus Spengel
das geteilte Wappenschild desselben, im oberen Felde, aus einem Hügel
und einem Kreuze drei Blätter emporstehend; das untere Feld nur durch
drei Querstriche geteilt.
Die Rückseite des Titelblatts trägt das grofse Wappen des Kurfürsten
Daniel von Mainz mit der Jahrzahl 1558, vermutlich dasselbe wie in den
bei Arnold Birkmann 1558 gedruckten Predigten Wilds, leider ohne Monogramm,[2] doch wahrscheinlich von Johann von Essen gezeichnet, welcher
für Gerwinus Calenius und die Quentellschen Erben viel arbeitete und
unter anderem namentlich die bei denselben erschienenen Werke oder Ausgaben Dietenbergers und Feuchts zierte. Ohne Zweifel finden sich bei
genauer Prüfung, welche dem Verfasser wegen seiner Entfernung von allen
Bibliotheken unmöglich war, auch Leistungen des Künstlers in Behemschen
Drucken. Nagler teilt viele Monogramme von Künstlern mit, welche
für die Kölnischen Firmen gearbeitet haben. Es liegt nichts näher, als
zu vermuten, dafs für Verlagsartikel, an welchem Behem teil hatte, diese
wie z. B. Meister Hieronymus (Lederer?), gleichfalls thätig waren.

[1]) Das Monogramm Franz Birkmanns s. Nagler, Monogr. V, S. 305.
No. 1515. Vgl. Wedewer, J. Dietenberger, Freiburg 1888. S. 451 ff.
[2]) S. dass. Nagler Monogr. III, S. 298 ff. u. 400 f.

3. Handtbüchlein, Darinnen viel sprùch vnd schöner Christlicher, des H. Ephrems Diacons der kirchen zu Edessa in Syrien zusamen getragen, welche beynahe vor 1200 Jarn aus Syrischer Sprach in Grichische kommen, Jetzt newlich in Lateinische · gebracht, vnd letzlich in unsere Teutsche verendert von J. Schwaiger.[1])
Meyntz, Fr. Behem. 1565. Til. 9 Bl. Zuschr. und 191 Bl. Sehr selten.

1566.

1. Der gantz Psalter des heiligen Propheten Dauidis Rayner Snoygoudanus, ins deutsche durch Nicol. Hug Landenburger, Diacon des keys. Thumstiffts Speyer. Mainz. Franz Behem 1566. 8°.
Mainzer Bibl.
2. Augsburger Reichstagsabschied von 1566.
Kaiserliches Privileg für Franz und Kaspar Behem.
Mainzer Bibl.

1567.

1. (Mich. Vehe.) Ein New Gesangbüchlin, Geistlicher Lieder, vor alle gute Christen, nach ordenung Catholischer Kirchen.
Meyntz, Fr. Behem. 1567. 84 Bl. 8°.
Weigel thes. 11 Thaler u. Katal. 1876: 83 Mk. S. Wackernagel, Bibliographie zur Gesch. des deutschen Kirchenlieds S. 341. No. DCCCLXXXVIII. Es ist die zweite Ausgabe, mit den Melodicen versehen. Die Vorrede ist datiert »Hall in Sachssen 1537.« Außerst selten.
2. Reichstagsabschiede von Erfurt 1567 und Regensburg 1567. Versehen mit dem Reichsadler.

1568—70.

Neue Auflagen von Heldings Katechismus, und Reichstagsabschiede, welche von jetzt ab nicht mehr besonders chiert werden.

1571.

1. Genesis, Das ist Von Erschaffunge des Himmels vnd der Erden vnd was darinnen begriffen ist, das erst Buch Mosi, durch weylandt den Ehrwürdigen Herren Johannem Ferum christlich vnd Catholisch ausgelegt vnd gepredigt: itzo aber aufs dem Latein ins Teutsch allen guthertzigen frommen Christen zum treuligsten vbersetzt Durch Johannem Flaminium, Pfarherrn zu Dachstein in Strafsburgischen Bisthumb.

———
[1]) S. über ihn S. 78.

Mainz. Franz Behem 1571.

Das kaiserl. Privileg wird Franz und Kaspar Behem ausdrücklich erteilt, weil sie katholische Bücher verlegen, am 6. Nov. 1570 zu Speier. Über andre Flaminii s. Fr. G. Freytag, Analecta litteraria de libris rarioribus. Leipz. 1750. S. 140 f.

2. Neue Aufl. der Wild'schen Erklärung des Buchs Job. Coloniae sumptibus Arnoldi Birckmanni F. (= filii) et Francisci Behem. 1571. 8°.

3. (Jo. Ferus.) Annotationes in Exodum, Numeros, Deuteronomium, librum Josuae, librum Judicum.

Coloniae sumptibus Arnoldi Birckmanni et Francisci Behem. 1571.

Draud.

4. Cornel. Loos, Catalogus illustr. Germaniae scriptorum. Mainz Behem 1571 (?).

cf. 1581 u. 82.

Draud.

5. Der Römischen Kayserlichen Maiestat vnnd des heyligen Reichs Reutterbestallung. Item von bestellung des feldes: erneuert reutter recht vnd dann der Teutschen knecht articuln. Anno 1571. Auf dem Reichstag in Speier 1570 beschlossen.

Francisc. Behem. 1571.

1572.

(Jo. Ferus.) Apologia, in qua 67 loca commentariorum in Joannem, quae antea quidam calumniatus fuerat, restituuntur F. Michaele Medina authore.

Moguntiae apud Fr. Behem. 1572. 8°.

Draud.

1574.

Der Röm. Kais. Mayestat vnd gemeiner des Heyligen Reichs Stenden angenommen vnd bewilligte Cammergerichts-Ordnung durch Raphael Seyler, Dr. und Rat und Advokat zu Worms. Meinz, Franz Behem. 1574. fol. Der Verfasser selbst war damals schon tot. Seine Erben edieren das Buch.

1575.

Neue von Philipp Agricola veranstaltete Ausgabe des Examen ordinandorum von Wild. Dazu eine Auslegung des Canons der hl. Messe von Odo Bischof von Cambray u. Opusculum Aureum de dignitate, vita et moribus clericorum per Nicolaum Aurificum ex diversis congestum. kl. 8°. Mainz, Fr. Behem. 1575.

1576.

Reichstagsabschied von Regensburg v. 12. Okt. 1576. Franz Behem. Privileg für beide, Franz und Kaspar.

1577.

Melchior Weissenbergeri Gelhusani LL. Lic. Schematismi
siue tabulae super ordinatione Judicii Camerae Imperialis, auctae
et publicatae Moguntiae apud Franc. Behem. 1577. fol.
Andere Werke desselben bei Andreas Wechel in Frankfurt a. M. und
Jakob Mylius in Heidelberg verlegt. Über dieses Buch s. oben S. 19,
45, 46.
Draud.

1580.

M. Conrad Distell: Summa oder kurtzer Begriff vber
die Lehr vnd Puncten, welche von vnserem Seligmacher Christo
Jesu seinen Glaubigen, als ein ewig vnzerstörlich Testament,
durch alle Empörungen vnnd Gefahr, samt jetzt schwebenden
Zertrennungen Christlicher Religion, endlich das Reich Gottes
dardurch, aufs Gnaden zu besitzen, steiff vnd fest handzuhaben
befohlen, vnd eyngebuuden, gestelt vnnd verfaßt, in Form
eines Dialogismi od. Gespräch. Durch M. Conradum Distell
Pfarrer S. Johannis in Wormbs.
Gedruckt in der Churfurstlichen Statt Meyntz durch Fran-
ciscum Behem. Anno 1580.
Rückseite des ersten Blattes das Wappen des Bischofs von Worms,
Georg von Schönenburg 1580—1595.
Mainzer Bibl. (Jesuitenbibl.).

Caspar Behem.[1]

Von den zahlreichen Drucken desselben heben wir nur
einige wichtigere heraus.
Es werden vor allem übergangen die gedruckten Reichstagsabschiede und theologischen Dissertationen u. Disputationen,
deren erste im Jahre 1563 erschien »de verbo Dei.« Letztere
sind in Menge auf der Mainzer Bibliothek. Die Verfasser sind
teils Jesuiten teils Schüler derselben.
1. Nobilitas. Moguntinae Diecoeseos vno libello accurato
carmine elegiaco complexa. Accessit libellus de ea nobilitate
Canonicorum quae Capitularis non est.
Auctore Aegidio Periandro. 1568. 8°.
Vgl. Joannis rer. Mog. III, 443 einen Auszug aus Periander.
2. Ernewerte Ordnung der Röm. May. Hoffgerichts zu
Rottweil. 1573. fol. mit dem Reichsadler.
3. Breviarium iuxta ritum et ordinem ecclesiae Wor-
matiensis. 1576. 8°.

---

[1] Auf manchen Drucken nennt er sich auch Behaim.

4. Corn. Lonsaei Callidi spiritus vertiginis utriusque
Germaniae. 1579 u. 1582. 8°.
Draud.

5. Corn. Loos Callidius: Duellum fidei et rationis: si
in eucharistiae sacramento, vere sit corpus Christi editum adversus sex paradoxa, quibus de bestialissima idololatria, Christianos
Catholicos falso insimulat, et calumniose traducit Christianus
Francken, apostata. Apocalyps. XIII. Et datum est ei os
loquens magna et blasphemias. Moguntia typi inventricis: apud
Casparum Behem. Anno 1581. 12°. Gewidmet D. Stephan Weber
episc. Mysiensi.

6. Derselbe: Illustrium Germaniae scriptorum catalogus,
quo doctrina simul et pietate illustrium vita et operae cele-
brantur, quorum potissimum ope literarum studia Germaniae
ab anno MD usque LXXXI sunt restituta: et sacra fidei dog-
mata a profanis Sectariorum novitatibus et resuscitatis veteribus
olim damnatis haerescon erroribus vindicata. Moguntiae typis
inventricis: apud Casparum Behem. Anno 1581. 12°.

Auf der Rückseite Wappen mit 3 Löwenköpfen. Das Buch ist gewidmet dem Propst von Bingen, Arnold von Buchholz. S. über
diesen Widmann, Brief des Pfarrers Georg Steritz zu Bingen 1577. Annalen
des Vereins für nassauische Altertumskunde und Gesch. XVII. S. 24 ff.
1882. Über Loos s. Soltau-Heppe, Gesch. der Hexenprocesse u. Scheltema,
Gesch. d. Hexenproc. Die Handschrift der 2 ersten Bücher der Loosschen
Schrift de vera et falsa magia befindet sich nach Mitteilung eines Ameri-
kaners in der New-Yorker Zeitschr. The Nation 11. Dez. 1886 auf der
Trierer Stadtbibliothek. Der Kölner Stadtbibliothekar Dr. Keysser aber
fand vor kurzem 6 Druckbogen der in Köln konfiscierten Schrift. Loos
(oben Lonsaeus) nennt sich Callidius Chrysopolitanus.

7. Ders.: Urbis et Orbis defensio: qua de abominabili
crimine ἀρτολατρείας, siue panis cultus et adorationis in Eucharistia; a Sectarijs passim objecto, vindicantur.

Edita adversus iniquissimas calumnias, quibus Urbem traducit, et Orbem criminatur Christianus Francken, apostata.
Apocalyps. XIII. Et aperuit os suum in blasphemias ad Deum:
blasphemare nomen eius, et tabernaculum eius etc.

Mog. typis inventricis: Apud Casparum Behem. Anno
1582. 12°.

Gewidmet D. Joan. Bernburg, Dec. eccl. b. M. ad. Grad., schol. D.
Vict. etc.

8. Johann Armbrüster S. J. Epicedion in tristissimum
obitum Rev. et Illustr. D. D. Danielis Archiep. Mog., S. R. J.
per Germ. Archican., Pr. El., Patris Patriae, Religionis Catholicae
propugnatoris, Pacis custodis, Literarum Mecoenatis grati animi
ergo; quod Moguntiae excudebat Gasparus Behem. 1582. 4°.

Über den Verf. s. Heim, Wolfgang Erzbischof zu Mainz. p. 16 ff.
Titelblatt in Mainz.

9. Ders.: Gratulatio poetica in felicissimam Electionem Wolfgangi Archiep. et El. Mog. Mog., Gaspar Behem. 1582. 4°. Titelbl. in Mainz.

10. Erschröckliche Newe Zeytung, Von einem Müller vnd seinem Sohn, Wie sie Mummerey gangen, vnd der Sohn sich in Teuffelsgestalt verkleidet, wie es jhm darinnen ergangen. Auch wie am heimweg sie dreyer armer Sünder am Galgen gespottet, vnd sie zu Gast geladen, Wie sie Gott gestrafft. Im Thon, Wie man den König Lassla singet. Gedruckt zu Meyntz, bey Casparo Böhem. o. J. (c. 1580). 4 Bl. 8°. In Zittau.
Bibl. des literar. Vereins in Stuttgart. Bd. 111.

11. Erschröcklich newe Zeittung von einem Mörder Christman genandt welcher 964 Mördt begangen . . . durch Caspar Herber von Cochem. Mentz. 1584. 4°. Andere Ausgaben:
Erschröckliche newe Zeytung Von einem Mörder Christman genandt, welcher ist gericht worden zu Bergkessel, den 17. Junij, dess 1581. Jars, welcher von seiner Jugent auff, 964 Mördt begangen vnnd gestifft, auch wie man jn gefangen vnd getödt hat, ist ordentlichen beschriben, wie hernach bemelt vnd angezeygt. Durch Caspar Herber von Cochem, an der Mussel, in druck verfertiget. Erstlich getruckt zu Mentz, im Jar 1581. 3 Bl. 4°. — In Zürich. Erschreckliche newe Zeytung, Von einem Mörder Christman genandt, Welcher ist gericht worden zu Bergkessel, den 17. Junij, diss verlauffen 1581. Jahrs, Welcher von seiner Jugent auff, 964 Mördt begangen vnnd gestifft, Auch wie man jhn gefangen vnd getödt hat, ist ordentlich beschrieben, Wie hernach bemelt vnd angezeigt. Durch Caspar Herber von Cochem, an der Mussel, in Druck verfertiget. Erstlich gedruckt zu Mentz, bei Caspar Behem, Im Jahr 1582. 4 Bl. 4°. Mit Titelholzschnitt. — In Zittau.

12. Undergerichts-Ordnung des Erzstiffts Meyntz. 1581. Gr. 4°.
Mainz.

13. Hoffgerichts-Ordnung des Erzstiffts Meyntz. 1582. Gr. 4°.
Am Schluſs der Vicekanzler Nikolaus Ziegler genannt. Mainz.

14. M. Valentin Leucht, Pfarrherr der Stiftskirche S. Severi zu Erfurt giebt mehrere Predigten bei C. Behem heraus 1583.

15. Drey Tractätle des Ehrwirdigen Herrn Georgij Scherers Soc. Jesu theologi Von alten erdichten Mährlen vnd gewissen warhafften Newzeitungen vom Hieremia Constantinopolitanischen Patriarchen vnnd Sendschreiben der Professorn zu Tübingen. 1585. 4°.
Mainz. Gegen G. Scherers Bücher erschienen viele Gegenschriften, bes. von dem Tübinger S. Huber, G. Nigrinus und L. Osiander.

16. Der erste vnnd ander Theil aller defs heiligen Römischen Reichs gehaltener Reichstage, Ordnungen vnnd Abschiedt. Sampt der Gülden Bullen. 1585. fol.

17. Der Röm. Keys. Maiestät reformierte vnd gebesserte Policey-Ordnung. 1586. Mainz.

18. Mehrere theologische Schriften des Jesuiten Petrus Tyraeus 1587, 1588, 1590. Mainz.

19. D. Jo. Busaei Soc. Jesu: Responsio ad Theses Theol. Marpurgensium, de Missa Pontificia et Coenae Dominicae in ea profanatione. 1588. 4°.
Über Joh. Busaeus s. Wetzer-Welte Kirchenlex. II. Bd. 1883. S. 1549. Er war Professor an der Mainzer Universität. † 1611.
Mainz.

20. Ders.: Apologeticus disputationis Theol. de persona Christi adversus Ubiquitarios. 1588. 4°.
Mainz.

21. M. Theodori Rullii: Refutatio cavillationum a Stephano Gerlachio Ubiquitista in I. caput Disputationis Moguntinae de persona Christi eiusque Apologeticum obiectarum. 1591. 4°.
Mainz. — Stefan Gerlach in Tübingen.

22. Practica von deß Cammergerichts Ordnung durch Noe Meurer. 1592.
Mainz.

23. Joh. Armbrüster: Exequiae Wolfgangi Archiep. et El. Mog. morte sublati. 1601. 4°. C. Behem.

Undatierte Behemiana
oder vermutlich Behemsche Drucke.

1. Ein Sammelbändchen in Mainz enthält folgende Schriftchen:
a) De moribus veterum Haereticorum. G. Wicel. 1537.
nicht Behem, wohl Ivo Schöffer.
b) D. Erasmi Roterod. responsio etc. Antwerpen. 1530.
c) Obdormitio Christianorum. G. Wicel. 1542. Dem Druck nach Behem.
d) Ein tröstliche Schöne Predigt S. Cypriani Martyris vom Sterben sampt einer Ermanunge S. Ambrosij zum Sterben. G. Wicel.
Gedr. zu S. Victor bey Meintz durch Franciscum Behem.
Signet: Concupiscencia, also früher Druck.
2. Pighius Johannis Apologia adversus Martini Buceri calumnias etc. Mainz. 1543. o. Dr.

3. Jo. Ferus. Examen Ordinandorum. Moguntiae. 1550.
8°. 1. Ausgabe. o. Dr.
Bibl. in Mainz u. Darmstadt.

4. Jo. Feri Postilla in Dominicas, pars hyemalis. 1552. fol.

5. Gülden Bulla Kayser Karoli des vierdten zu Nürnberg Anno 1356 auffgericht. Meintz. 1570. 4°.
Draud.

6. Betbüchlein aufs des Joan Wilden grossem Bettbuch gezogen. Mentz. 1571. 8°.
Draud.

5. Teil

Namensverzeichnis.